JN093997

TOPIK II

한국어능력시험

韓国語能力試験
作文問題
対策

韓国教育財団諮問委員
イム・ジョンデ［著］

第2版

秀和システム

まえがき

　韓国語を勉強する多くの方が、韓国語を話せるようになりたいとおっしゃいます。また、ドラマや映画を字幕なしで見られるようになりたいとおっしゃいます。しかし、そういう思いはなかなか実現せず、歯がゆい思いをすることが多いのが現状です。その理由ですが、一言で言うと、作文をしないことが原因です。作文は、言いたいことを文章でまとめる作業です。日常生活の会話と作文とは、表裏一体の作業で、作文ができなければ会話も出来ません。TOPIKで作文に高い得点を配しているのも、それが韓国語上達の最終作業だからです。

　作文の難しいところは、実際書いた時に、それが合っているのかどうかが分からない点です。第2版では、今までのそういう歯がゆさを回避するため、実際の誤用例を分析する手法を使いました。本書に紹介する多くの誤用例を見れば、どこが間違っているのかに気づかれるはずです。単語や文型の意味を覚えるのはもちろん大切ですが、その際には、短くてかまわないので、必ず文章を作って覚えることです。

　最後に、秀和システムの清水氏には、たいへんお世話になりました。深く感謝いたします。

2023年9月　イム・ジョンデ

3

目次

다섯 번째 모음　模擬試験

＊本書は、『韓国語能力試験TOPIKⅡ作文問題対策』(弊社刊)を改訂増補したものです。

TOPIK II

첫 번째 모음

試験に
ついて

韓国語能力試験について

1) 試験の種類：TOPIK Ⅰ、TOPIK Ⅱ
   TOPIK：Test of Proficiency in Korean の略
2) 評価の等級：1級～6級

種類	TOPIK Ⅰ		TOPIK Ⅱ			
	1級	2級	3級	4級	5級	6級
等級	80点 以上	140点 以上	120点 以上	150点 以上	190点 以上	230点 以上

※ TOPIK Ⅰは200点満点、TOPIK Ⅱは300点満点です。上記の等級は試験の結果によって自動的に決まるもので、自分で指定して応募することは出来ません。

試験の構成

1) 種類別

種類	時間	区分（分）	形式	問題数	点数	合計点
TOPIK Ⅰ	1時間目	聞き取り（40分）	4択	30	100	200
		読解（60分）	4択	40	100	
TOPIK Ⅱ	1時間目	聞き取り（60分）	4択	50	100	300
		書き取り（50分）	記述	4	100	
	2時間目	読解（70分）	4択	50	100	

2) 問題別

　a　4択式－듣기（聞き取り）試験、읽기（読解）試験

　b　記述式－쓰기（書き取り）試験

　　i　完成型－単語や短い表現を入れ、文を完成していくタイプの問題です。2問出ます。

　　ii　作文型－200字～300字の中級レベルの説明文が1問、600字～700字の上級レベルの論文が1問、計2問出ます。

主管機関

1) 教育部－TOPIK制度の立案や政策決定、指導監督などを行う国の機関です。
2) 国立国際教育院－試験に関連し、出題や採点などの第一線の業務全般を担当する教育部所属の外郭団体です。

有効期間

　成績発表日から2年間が有効です。

　受験後に成績証明書が郵送されます。再発行が必要な場合には、韓国教育財団のホームページに申請します。(https://www.kref.or.jp/topik2014/transcript/php)

試験時間割

区分	時間	領域	日本・韓国の試験場			試験時間 (分)
			入室時間	開始	終了	
TOPIK Ⅰ	1時間目	聞き取り 読解	09:30 (韓国は09:20)	10:00	11:40	100
TOPIK Ⅱ	1時間目	聞き取り 書き取り	12:30 (韓国は12:20)	13:00	14:50	110
	2時間目	読解	15:10	15:20	16:30	70

1) 韓国・日本以外の試験場は上記とは異なる試験時間となります。
2) TOPIK ⅠとTOPIK Ⅱは併願が可能です。
3) 入室時間は厳守です。入室時間を過ぎるといかなる理由があっても入室が認められません。
4) TOPIK Ⅰは1時間目のみとなります。

試験当日の流れ

	入室時間	開始	終了
TOPIK Ⅰ	09:30	10:00	11:40
TOPIK Ⅱ	1時間目　12:30	13:00	14:50
	2時間目　15:10	15:20	16:30

1) 韓国・日本以外の試験場は上記とは異なる試験時間となります。

2) TOPIK Ⅰ と TOPIK Ⅱ は併願が可能です。

3) 入室時間は厳守です。入室時間を過ぎるといかなる理由があっても入室が認められません。

4) 韓国の試験場での当日の流れは、基本的に日本の試験場での流れと一緒です。ただ、詳細な時間が異なるので、韓国で受験する時には必ずご確認下さい。

試験の実施時期と願書受付

1) 韓国では、1月、4月、5月、7月、10月、11月の計6回実施されます。この中で日本で実施されない1月、5月、11月の試験の応募は、インターネットで申し込みが可能で、成績も国立国際教育院のホームページでしか確認出来ません。韓国での受験を希望する場合には、韓国国内で受付をし、韓国に渡って受験しなければなりません。

2) 日本では年3回実施されます。県別に試験会場が設けられ、試験の結果が自宅に送付されてきます。

3) 韓国の大学へ進学・編入学を希望する場合には、基本的にTOPIK Ⅱ 3級以上を取得することが条件となりますが、その場合、3月の入学・編入学に間に合うように、10月の試験で3級以上を取得しなければなりません。もし10月の試験で3級が取れなかった場合、各大学の入試日程にもよりますが、

基本的には受付不可ということになります。ただし、大学によっては11月や1月の試験の合格を待って条件付きで入学願書を受け付けてくれるところもあります。1月の試験の結果が2月初旬に出ますので、3月の入学にぎりぎりのタイミングで間に合うことになります。9月の入学・編入学を希望する場合には、7月の試験が最後のチャンスとなります。

※以上の説明は、今までのTOPIK制度を踏まえたものですが、試験制度や問題構成などは時々見直し、変更されることがありますのでご注意下さい。

두 번째 모음

説明編

韓国語の文章を
上手に書く方法
──ミスを減らし、高得点を目指す──

本章では、
実際の作文例を使い、試験での間違いをどう減らし、
高得点につなげるかを紹介します。

高得点が取れる文章を書くには
점수를 잘 받는 글을 쓰려면

1. 難しい単語や表現をあえて使う必要はない
어려운 단어나 표현을 굳이 쓸 필요가 없다

よい文章や高得点を取る文章を書くのに必要なのは、難しい表現や高難易度の単語ではありません。それにこだわると、ミスが増えます。大事なのは、減点対象となるミスを減らすことです。仮に、TOPIK I レベルの単語、表現ですべてを埋めたとしても、そこに誤りがなければ、よい文章と判断され、高得点が取れます。

2. 分かち書きに注意！　띄어쓰기를 잘한다！

分かち書き (띄어쓰기) を間違えるケースがかなり多いです。分かち書きを正確にするだけで、減点を防ぐことが出来ます。

3. 作文に必要な文法表現をあらかじめ覚えておく
작문에 쓸 문법 표현을 미리 정해 놓는다

前もっていくつかの表現を覚えておき、それを随所に活用することです。接続形、終止形、慣用句などを含めても、20くらい正確に覚えておけば、充分に高得点を狙えます。

4. 単語は必ず書いて覚える
단어는 반드시 글자로 외운다

日本語の「ん」は、韓国語のパッチムでは、「ㄴ/ㅁ/ㅇ」と発音されます。このパッチムを間違い、減点されるケースがかなり多いです。音で覚えてはいけません。耳で区別するのは、とても難しいからです。必ず書いて覚えることです。

Ⅰ 注意すべき助詞とうまく使いこなしたい依存名詞
조심해야 될 조사와 잘 쓰면 좋은 의존명사

　ここでは、注意しておきたい助詞と、使いこなしたい依存名詞を紹介します。受験者がよく陥る誤用例を紹介しながら解説します。

1.「～に」は韓国語で何？
　「～에」는 한국어로 무엇?

誤用例1

（×）「2022년은 20억에 증가하였다」

（○）「2022년은 20억으로 증가하였다（2022年は20億に増加した）」

解　説

　「～로/으로 증가하다（増加する）/감소하다（減少する）」「～로/으로 줄어들다（減ってくる）/늘어나다（増えていく）」のように、量の変化を表す言葉は、方角、方向、向きなどの意味を持つ「～로/으로」とセットで使います。

誤用例2

（×）「이런 결과에 됐다」

（○）「이런 결과가 됐다（こういう結果になった）」

解　説

　「～になる」は、「～이/가 되다」と言います。

誤用例3

（×）「공부가 잘하는 학생과 공부가 못하는 학생」

（○）「공부를 잘하는 학생과 공부를 못하는 학생（勉強が出来る学生と勉強が出来ない学生）」

解　説

　「잘하다/못하다（上手だ/下手だ、出来る/出来ない）」「～ㄹ/을 수 있다/없다（～することが出来る/出来ない）」「알다/모르다（分かる/分からない）」「좋아하다/싫어하다（好きだ/嫌いだ）」は、「～을/를」を伴います。

誤用例 4

(×)「다양한 방면으로 긍정적인 효과가 있다」

(○)「다양한 방면에 긍정적인 효과가 있다 (多様な方面に肯定的な効果がある)」

解 説

「~로/으로」は、方角・方面・方向・向きなどの意味です。後ろに「효과가 있다」と続くので、この場合は、目的や対象の意味を持つ「~에」を使わなければなりません。

「병원으로 간다」は、向かう先が病院という意味で、「병원에 간다」は、目的地という意味です。

「다양한 방면으로 퍼져 나간다 (多様な方面に広がっていく)」なら、方角の意味になるので、「~으로」も言えます。

誤用例 5

(×)「독서는 우리 삶에게 많은 도움이 된다」

(○)「독서는 우리 삶에 많은 도움이 된다 (読書は私たちの生活に大いに役立つ)」

解 説

「~에게」は、人間名詞の後ろにつく「~に」です。物の場合は、「~에」を使います。

2.「나/이나」を使う場合の「~も」
「나/이나」로 써야 하는「~も」

誤用例

(×)「매출액이 10배도 올랐다」

(○)「매출액이 10배나 올랐다 (売り上げ額が 10 倍も上がった)」

解 説

数字の多さを強調する意味を持つ「~も」は、「~나/이나」を使います。

3.「랑/이랑」「하고」「와/과」、意味は同じだけれども…
「랑/이랑」「하고」「와/과」, 뜻은 같지만…

誤用例

(×)「다른 사람이랑 함께 있을 때」

(○)「다른 사람과 함께 있을 때(他の人と一緒にいる時)」

解説

　会話なら「다른 사람이랑」や「다른 사람하고」も言いますが、文章体では「다른 사람과」を使うのが適切です。

4.「데」をうまく使いこなせると韓国語らしい文になる
「데」를 잘 쓰면 한국말다운 글이 됩니다

誤用例

(×)「또한 생활의 질을 높이는 것에 많은 도움을 준다」

(○)「또한 생활의 질을 높이는데 많은 도움을 준다(また生活の質を上げるのにかなり役に立つ)」

解説

　「~는데」は、所用の意味を持つ「~するのに」です。覚えておくととても便利です。띄어쓰기をする「~는 데」は、「~するところ」の意味となり、発音は同じでも完全に別の意味です。

　「~는데」は、これから話す本題の前提、前置きを言う時に使う接続助詞で、所用(~するのに)の意味の他に、対立「~けど/~が」、時間「~している時に」の意味を持ちます。以下は、「~는데」と「~는 데」の例です。

　例)「참석자가 예상 외로 너무 많아져서 전체가 다 모이는데 세 시간이나 걸렸다」

　　(参加者が予想外に増え過ぎたため、全員が集まるのに3時間もかかった)

　例)「백신 잘 맞고 마스크 잘 쓰고 사람 모이는 데 가지 않고」

　　(ワクチンをしっかり打ち、マスクはきちんとつけ、人の集まるところには行かず)

5. ぜひ活用したい「가지」 「가지」는 꼭 활용해 보세요

（×）「독서가 우리 삶에 미치는 긍정적인 영향으로는 2개 있다」

（○）「독서가 우리 삶에 미치는 긍정적인 영향으로는 2가지 있다(読書がわれわれの人生に及ぼす肯定的な影響としては2つある)」

　主張したい内容を複数挙げる時には「～가지」を使って下さい。「개」は、単体の物を挙げる時に使います。「2가지」は、「두 가지」と読みます。「가지」の前は1マス分空けるのを忘れないで下さい。

6.「점」を入れるとよい文になる 「점」이 들어가면 좋은 글이 됩니다

（×）「중요한 것은 그런 생각이 우리에게 다양한 선택을 준 것이다」

（○）「중요한 것은 그런 생각이 우리에게 다양한 선택을 준다는 점이다(重要なのは、そのような考え方が私たちに多様な選択を与えてくれるという点である)」

　文章体の「～ということである」は、「名詞＋라는/이라는 점이다」「動詞＋ㄴ다는/는다는 점이다」「形容詞＋다는 점이다」を使うとよいと思います。

（×）「인간의 삶에 부정적인 영향을 미친다는 것을 이해해야 한다」

（○）「인간의 삶에 부정적인 영향을 미친다는 점을 이해해야 한다(人間の暮らしに否定的な影響を及ぼすということを理解しなければならない)」

　「미친다는 것을」も間違いと言えないかもしれませんが、より適切な言い方は「미친다는 점을」になります。「～것」も「～점」も依存名詞ですが、「～점」の方がより具体的な内容を表すものだからです。

(×)「우리의 훌륭한 선택이 어려운 사람들을 행복하게 해 줄 수 있다는 것, 이것을 우리가 명심해야 합니다」

(○)「우리의 훌륭한 선택이 어려운 사람들을 행복하게 해 줄 수도 있다는 것, 이 점을 우리가 명심해야 합니다(私たちの立派な選択が苦しい人たちを幸せにしてあげることも出来るということ、この点を私たちが肝に銘じなければいけません)」

解　説

「이것을」も間違いとは言えないかもしれませんが、より適切な言い方は「이 점을」です。これを言う人は、人を幸せにするためのより具体的なことを頭に思い浮かべているからです。

7.「채」と「체」「채」와「체」

誤用例

(×)「어떤 버릇이 있는지 모른 채 살아가는 사람도 있다」

(○)「어떤 버릇이 있는지 모르는 채 살아가는 사람도 있다(どんな癖があるのかを知らないまま生きていく人もいる)」

解　説

「〜ㄴ/은 채」は「〜したまま(過去)」、「〜는 채」は「〜まま(現在)」の意味です。例は過去のことではないので、「모르는 채」で言わなければなりません。紛らわしい発音の「〜 체하다」は、「〜ふりをする」という意味です。「〜 채(로)」と「〜 체하다」の例を見てみましょう。

　例)「내용도 모르는 채 아는 체한다」
　　　(内容も知らないまま知ったかぶりをする)

　例)「어제는 피곤한 나머지 화장을 한 채로 잠이 들어 버렸다」
　　　(昨日は疲れた余り、化粧をしたまま、寝てしまった)

8.「저」か?「나」か?　「저」?「나」?

誤用例

(×)「그 이유를 저는 이렇게 생각한다」

(○)「그 이유를 나는 이렇게 생각한다(その理由を、私はこのように考える)」

解　説

　文章体では、私のことを「저」と言ってはいけません。「저」は、相手との関係の中で使われる言葉だからです。もちろん「제가(私が)」「제게(私に)」「저는(私は)」「제(私の)」も使ってはなりません。

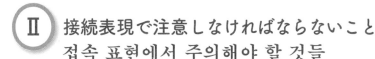

Ⅱ 接続表現で注意しなければならないこと
접속 표현에서 주의해야 할 것들

1. 連体形の例　연체형의 예

誤用例1

(×)「독서한 시간이 없다」「독서하는 시간이 없다」

(○)「독서할 시간이 없다 (読書する時間がない)」

解　説

　「動詞＋ㄴ/은」は、過去連体形、「動詞＋는」は、現在連体形、「動詞＋ㄹ/을」は、いわゆる未来連体形です。誤用例のように、これからのことを言う時には、「動詞＋ㄹ/을」を使わなければなりません。

誤用例2

(×)「다양하는 경험을 할 필요가 있다」

(○)「다양한 경험을 할 필요가 있다 (多様な経験をする必要がある)」

解　説

　形容詞の現在連体形は「～ㄴ/은」です。

誤用例3

(×)「먹는 것을 추천한다」

(○)「먹을 것을 추천한다 (食べることを推薦する)」

解　説

　後ろに「추천한다(推薦する)」という言葉が続くので、まだ実行前のこととなり、未来形の「먹을 것」の方が適切な言い方となります。

(×)「버스나 전철을 탔을 때 내면 된다」

(○)「버스나 전철을 탈 때 내면 된다(バスや電車に乗る時、払えばいい)」

解　説

　現在なら「〜ㄹ/을 때」を使い、過去なら「〜았을/었을 때」を使います。誤用例は、現在のことなので、「탈 때」が正しい言い方になります。ただし、「버스를 탔을 때 하면 된다(バスに乗っている時にすればよい)」のように、乗った状態を言う場合は「탔을 때」も言えます。次の例を見て下さい。

　例)「한국에 갈 때 타 본 적이 있다」

　　　(韓国に行く時に乗ったことがある)

　　　「한국에 갔을 때 타 본 적이 있다」

　　　(韓国に行った時に乗ったことがある)

　両方言えますが、「한국에 갈 때〜」は、韓国に行く途中で乗ったという意味に、「한국에 갔을 때〜」は、韓国に行った時に、そこで乗ったという意味になります。

2. 接続表現の例　접속표현의 예

(×)「이용자가 줄었으니까 이런 결과가 됐다」

(○)「이용자가 줄었기 때문에 이런 결과가 되었다(利用者が減ったからこういう結果になった)」

解　説

　「〜니까/으니까」は、話し手が自分の主観で理由を述べる時に使うものなので、客観的、論理的根拠を述べる時には、「〜기 때문에」を使うのが望ましいです。作文は、個人の主観的感情表現と距離のあるテーマが与えられることが多いため、理由・根拠を述べる時には、「〜기 때문에」を使うのが望ましいです。

(×)「회사 매출액을 보니까 작년에는 4억 원이었으나 올해는 3억 원으로 줄어들었다」

(○)「회사 매출액을 보면 작년에는 4억 원이었으나 올해는 3억 원으로 줄어들었다 (会社の売上額を見ると、昨年4億ウォンだったのが、今年は3億ウォンに減った)」

解 説

「～を見ると」は、条件の意味になることが多いので、「～을/를 보면」が適切な言い方となります。

「보니까(見たら)」は、「들어가 보니까 아무도 없었다(入ってみたら誰もいなかった)」のように、発見の状況を表す時に使われます。

逆接の意味を表す「지만」や「는데」は、会話体に馴染む表現なので、文章体では「動詞・形容詞＋나/으나」「이다/아니다＋나」を使うのがより適切です。次の例を見て下さい。

例)「자신의 잘못을 인정하는 것이 쉬운 일은 아니나 하지 않는 것보다는 낫다

(自分の過ちを認めることが簡単なことではないが、しないよりはよい)

「내 자신의 잘못된 점을 되돌이켜 보기는 하나 그렇다고 후회하지는 않는다

(自分自身の誤ったところを振り返りはするが、だからといって後悔をしたりはしない)

「아니지만」、「보기는 하지만」も間違いではありませんが、文章体の逆接表現としてより適切な表現は、「아니나」、「보기는 하나」になります。

(×)「이 현상은 앞으로도 계속 지속된 것으로 예측되고 그에 따른 새로운 대책이 필요할 것으로 보인다」

(○)「이 현상은 앞으로도 계속 지속될 것으로 예측되며 그에 따른 새로운 대책이 필요할 것으로 보인다 (この現象はこれからもしばらく持続するものと予測され、それに対する新しい対策が必要と見られる)」

「예측되고」と言うと、前の内容が後文内容と無関係ということになります。前文の出来事が続いているうちにそれを受けて後文の内容に変わっていく意味を表す時には、「～며」を使います。

●「～고」「～아서/어서」「～며」「～면서」の使い分け方

前文と後文が完全に別々の出来事の時には「～고」を、順番に並んで原因結果の因果関係になる時には「～아서/어서」を、前文の進行中に後文に展開する意味を表す時には「～며」を、前文と後文とが同時進行の意味になる時には「～면서」を使って下さい。

（×）「시작이 반이라고 생각하며 해 보는 것이 좋다」

（○）「시작이 반이라고 생각하고 해 보는 것이 좋다（始まれば半分と考え、やってみるのがいい）」

「시작이 반이라고 생각하다」と「해 보다」は、順番に成立する出来事です。「시작이 반이라고 생각하다」の途中から「해 보다」を展開することは出来ないからです。それが「～며」を使うことが出来ない理由です。

２つの文の関係は因果関係でもないので、「～아서/어서」も使えません。「～고」が最も適切な言い方となります。

●「～고」の２つの使い方

「～고」には、次のような２つの使い方があります。

例）「강풍에도 대비해야 하고 폭우에도 대책을 세워야 한다」
（強風にも備えるべきで、大雨にも対策を立てなければならない）

例）「그 사람은 자식의 일에 충격을 받고 병원에 입원했다」
（あの人は、子どものことにショックを受け、病院に入院した）

「강풍에 대비하다」と「폭우 대책을 세우다」は、互いに独立する出来事で、２つの間には特に関わりはありません。それが「～고」を使う理由です。それに対し、２つ目の「충격을 받다」と「병원에 입원하다」とは、互いの出来事が関わりを持ちます。ショックを受けた結果、入院しているからです。そこで、次の例のように、もし、話し手が２つの出来事を因果関係と捉える場合には、「～아

서/어서」를 使います。

　例)「그 사람은 자식의 일에 충격을 받아(서) 병원에 입원했다」
　　　(その人は、子どものことにショックを受けて、病院に入院した)

　しかし、因果関係とは考えず、単に関わりのある2つの出来事を起こった順番で並べて表現したいと考える場合には、先の例のように、「충격을 받고」で表現することになります。次の例を見て下さい。

　例)「은행에 가고 돈을 찾는다」
　　　(銀行に行き、お金を下ろす)

　例)「은행에 가서 돈을 찾는다」
　　　(銀行に行き、お金を下ろす)

　この例では、銀行に行かないとお金を下ろせない因果関係の出来事なので、普通は「은행에 가고」とは言いません。仮に言うとしたら、銀行に行くこととお金を下ろすことが別々の出来事、つまり、銀行ではない第3の場所でお金を下ろすという意味になります。

誤用例5

(×)「인터넷으로 찾아보고나 전문가에게 물어 본다」
(○)「인터넷으로 찾아보거나 전문가에게 물어 본다(インターネットで調べるか専門家に聞いてみる)」

解　説

　「~したり」「~するか~する」は、「~거나」「~거나 ~거나 한다」と言います。誤用例を書いた人は、「~거나」の意味も使い方も知ってはいると思います。それだけに、とてももったいないミスと言えます。このケースは、実は、かなりの頻度で起こっています。

　このような間違いは、言葉を音のみで覚えてしまうことから起こります。それを避ける方法ですが、「오」は、下の「オ」、「어」は横の「オ」という風に覚えて下さい。この2つを耳で聞いて区別するのは、極めて難しいです。単語に含まれている母音が、下の「오」なのか、横の「어」なのかを確認し、文字で覚えるのです。そうすれば、書く時にも間違わないで済みます。

　「오」は、口をまん丸にして出す音で、「어」は、口をまん丸にした状態で、顎を下に引いて出す音です。「오」と「어」は、音を出す位置が同じで、顎を下に引

くか引かないかで別の音になるので、聞いて区別をすることがとても難しいのです。

 # Ⅲ 文末表現のいろいろ 문말 표현의 여러 가지

誤用例1

(×)「되도록 많이 읽는 습관을 가지는 것이 중요한다」

(○)「되도록 많이 읽는 습관을 가지는 것이 중요하다 (なるべくたくさん読む習慣を持つことが重要だ)」

解 説

　文章体の非丁寧形終止表現は、「動詞＋ㄴ다/는다」「形容詞＋다」「名詞＋다/이다」「있다/없다」などです。誤用例の「중요하다 (重要だ)」は形容詞なので「중요한다」は間違いです。

誤用例2

(×)「자신에게 이런 습관이 있겠다고 느낀다 하더라도」

(○)「자신에게 이런 습관이 있을 것이라고 느낀다 하더라도 (自分にこんな習慣があるだろうと感じていたとしても)」

解 説

　3人称主語文に使われる「〜겠」は、話し手がそのことに対し、事実になるに違いないと確信推量の気持ちを持っていることを表す表現です。3人称主語の文で「〜겠」が許されるのは、例えば、次のようなケースです。

　例)「내일은 맑은 날씨가 계속되겠습니다」
　　　(明日は晴れた天気が続くでしょう)

　　　「오늘의 주인공이신 신랑, 신부님께서 입장하시겠습니다」
　　　(今日の主人公であられる新郎、新婦様のご入場です)

　「계속되다 (続く)」の主語は「날씨 (天気)」で、「입장하다 (入場する)」の主語は「신랑 신부 (新郎新婦)」です。「계속되다」を言うのは、お天気キャスターで、「입장하다」を言うのは、式の司会者です。両方とも、事実になることを知っている立場の人です。3人称主語文の「〜겠」は、こういう場合にのみ成立します。

25

その他の場合は、推量の度合いが低い「～ㄹ/을 것이다」を使います。

(×)「그 이유는 자기 자신을 잘 모르는 것이라고 생각한다」

(○)「그 이유는 자기 자신을 잘 모르기 때문이라고 생각한다 (その理由は自
分自身をよく知らないからだと思う)」

解 説

理由を言っているので「～기 때문」で閉じるのが自然です。説明文に使われる
原因理由の表現は、「～기 때문」が最も適切です。

(×)「주변 사람들한테도 배려하면서 살고 싶다고 생각한다」

(○)「주변 사람들도 배려하면서 살고 싶다 (周りの人たちも配慮しながら生
きたい)」

解 説

「～한테」は要りません。「～을/를 배려하다」だからです。「～고 싶다고 생
각한다」は、よく間違う表現の１つです。「～고 싶다」で終わるのが自然です。
「살아야겠다고 생각한다 (生きていこうと思う)」なら言えます。

(×)「자신도 가족도 불행이 될 수도 있다」

(○)「자신도 가족도 불행해질 수도 있다 (自分も家族も不幸になることもあ
る)」

解 説

「形容詞＋くなる/になる」は、「～게 되다」と「～아/어지다」の２つの表現が
あります。

「～게 되다」は、周りの状況がそうさせるという意味で、「～아/어지다」は、
自然に、おのずとそうなるという意味です。例の「불행하다」は、誰かの仕掛け
によってそうなるわけではないので、「불행해지다」が自然な言い方となります。

(×)「그 이야기를 듣고 마음이 가볍게 됐다고 느꼈다」

(○)「그 이야기를 듣고 마음이 가벼워졌음을 느꼈다(その話を聞いて気持ち
　　が楽になったことを感じた)」

解　説

　「가볍게 되다」が成立するためには、人の介入を必要とします。今の例は、自
然に気持ちが楽になったという内容なので、「가벼워지다」が適切な言い方とな
ります。

　自然にそうなったという内容の出来事なので「느끼다」で閉じるのは、変な言
い方になります。「가벼워졌다」を名詞化した「가벼워졌음을 느끼다」の形なら
言えます。「마음이 가벼워졌다」と出来事が完了した時点でそれを改めて感じ
ることが出来るからです。

(×)「게임을 즐기는 연령층이 확대했다」

(○)「게임을 즐기는 연령층이 확대되었다(ゲームを楽しむ年齢層が拡大し
　　た)」

解　説

　「拡大する」は、自動詞(助詞「を」が要らない動詞のこと)の場合は、「확대되
다」に、他動詞(助詞「～を」を必要とする動詞のこと)の場合は、「확대하다」に
なります。今の例は、「～を」を伴わない自動詞の「拡大する」なので、「확대되
다」で言わなければなりません。

　これと同じ働きをする動詞には、「완성하다(他動詞の完成する)」「완성되다
(自動詞の完成する)」があります。次のような例です。

　例)「아파트가 완성되면 이곳에 천 세대가 입주할 계획이다」
　　　(マンションが完成すれば、ここに１千世帯が入居する計画だ)

　　　「여러 날 밤을 새워 드디어 출품할 작품을 완성했다」
　　　(数日の夜を明かし、とうとう出品する作品を完成した)

　１つ目の例は、自動詞の「完成する→완성되다」で、２つ目の例は、他動詞の
「完成する→완성하다」の例です。

誤用例 8

(×)「참가자들은 무엇을 해야 할지 모르겠습니다」

(○)「참가자들은 무엇을 해야 할지 모를 것입니다 (参加者たちは何をすればよいのか分からないと思います)」

解 説

1人称主語文の「～겠습니다」話し手の強い意志の意味を、3人称主語文の「겠습니다」は、事実になるに違いないと話し手が確信を持って推量する意味を表します。今の例は、3人称主語文の例なので、「참가자들」のことを話し手が勝手に確信に近い推量で言い表すことは許されません。この場合は、普通の推量の意味を持つ「～ㄹ/을 것입니다」が適切な言い方となります。

誤用例 9

(×)「조사 결과는 다음으로 같다」

(○)「조사 결과는 다음과 같다 (調査結果は、次のようである)」

解 説

「次のようである」「次の通りである」は、「다음과 같다」と言います。

誤用例 10

(×)「그렇게 된다고 생각해요. 그렇기 때문에 연습은 꾸준히 하는 것이 좋다」

(○)「그렇게 된다고 생각합니다. 그렇기 때문에 연습은 꾸준히 하는 것이 좋습니다 (そうなると思います。だから、練習は根気よくした方がいいです)」

解 説

最も避けなければならないミスです。作文では「～아요/어요」を使ってはなりません。「～ㅂ니다/습니다」は使ってもかまいませんが、最初から最後まで言い方を一貫させることです。ここにあげた例のような、文体が統一されない文章は、最も減点の対象となります。

誤用例 11

(×)「환경 오염에 대한 내 생각을 말하려고 한다」

(○)「환경 오염에 대한 내 생각을 말하고자 한다 (環境汚染に対する私の考えを述べようと思う)」

　「말하려고 한다」も誤りとは言えませんが、文章体で「～しようと思う」を言う場合は、「～고자 한다」の方がより適切な言い方となります。

誤用例12

(×)「정부와 지자체가 제 기능을 하지 못한다라고 생각한다」
(○)「정부와 지자체가 제 기능을 하지 못하고 있다고 생각한다 (政府と自治体が自分の機能を果たしていないと思う)」

解 説

　後ろに「～지 못하다」を伴う場合は、「기능을 하지 못하다」と「하다」を分離して言った方がより自然な言い方となります。
　「못하다」は、「기능하다」の「하다」を否定しているのであって、「기능」を否定しているわけではありません。「기능」はしているものの、そのやり方が問題だという言い方だからです。
　こういう場合は、「하다」を分離し、「하다」に対し、「～지 못하다」をつけ、否定表現にした方が、よりしっくり来る言い方となります。
　今の例とは関係なく、「못한다」の後に、「～고 생각하다」をつなぐ場合は、「못한다고 생각한다 (下手だと思う)」と言います。「～라고/이라고 생각하다」は、名詞の後につける表現です。

誤用例13

(×)「그렇게 살아가는 사람도 많을 거다」
(○)「그렇게 살아가는 사람도 많을 것이다 (そうやって生きていく人も多いと思う)」

解 説

　「～ㄹ/을 거다」は、完全に話し言葉の表現です。文章体で使ってはいけない表現の1つです。必ず「～ㄹ/을 것이다」を使って下さい。

Ⅳ 慣用語句は連結させる形に注意
관용어구는 연결시키는 형태에 주의

1. 簡単な慣用語句　간단한 관용어구

誤用例1

(×)「끝은 전에」「끝나는 전에」「끝은 후에」

(○)「끝나기 전에 (終わる前に)」「끝난 후에 (終わった後で)」

解　説

　「〜する前」は、「〜기 전에」と言い、「〜した後」は、「〜ㄴ/은 후에」と言います。

誤用例2

(×)「이러한 결정은 자신의 미래에 영향을 미치기 위해」

(○)「이러한 결정은 자신의 미래에 영향을 미치기 때문에 (このような決定は自分の未来に影響を及ぼすため)」

解　説

　「〜するため」は、目的の意味になる時は「〜기 위해/위하여」を使い、原因理由の意味になる時は「〜기 때문에」を使います。次の例を見て下さい。

　　例)(×)「그 때문에는 새로운 시스템을 도입해야 한다」

　　　　(○)「그것을 위해서는 새로운 시스템을 도입해야 한다 (そのためには新しいシステムを導入しなければならない)

　「그를 위해서는」も間違いとは言えませんが、「そのためには」に最も適切な表現は「그것을 위해서는」です。

誤用例3

(×)「판단을 하는 거는 어렵다는 사람도 있다」

(○)「판단을 하기가 어렵다는 사람도 있다 (判断をするのが難しいという人もいる)」

解　説

　「〜するのが難しい/簡単だ」は、「〜기(가) 어렵다/쉽다」と言います。

2. 少し難しい慣用語句　조금 어려운 관용어구

誤用例1

(×)「공부를 하면 하는 대로 몰랐던 것을 알 수 있다는 점이다」

(○)「공부를 하면 할수록 몰랐던 것을 알 수 있다는 점이다 (勉強をすればす
るほど分からなかったことを知ることが出来るという点だ)」

解　説

「～すればするほど」は、「～면/으면　～ㄹ/을수록」と言います。作文で使っ
たら得点が取れる文型の1つです。

「～대로」は、次のような使い方をします。

例)「공부는 하는 대로 성적이 좋아진다」

　　(勉強はした通りに、成績がよくなる)

例)「말씀하신 대로 처리했습니다」

　　(お言葉の通りに、処理しました)

例)「하고 싶은 대로 하게 내버려 두세요」

　　(したいようにさせておいて下さい)

例)「바람이 불면 부는 대로 구름이 가면 가는 대로」

　　(風が吹けば風任せ、雲が流れれば雲任せ)

誤用例2

(×)「인류의 삶을 풍요롭게 해 주는 것 뿐만이 아니라」

(○)「인류의 삶을 풍요롭게 해 줄 뿐만 아니라 (人類の生活を豊かにしてくれ
るだけでなく)」

解　説

「～뿐만 아니라(아니고)」は、次のような使い方をします。

例〉「**名詞＋뿐만 아니라(아니고)**」

　　「컴퓨터뿐만이 아니고 가방까지 훔쳐 갔다」

　　(パソコンだけでなくカバンまで盗んでいった)

例〉「**動詞・形容詞・있다/없다・이다＋ㄹ/을 뿐만 아니라(아니고)**」

　　「기온이 높을 뿐만 아니라 습도까지 높다」

　　(気温が高いだけでなく、湿度まで高い)

「재미가 없을 뿐만 아니라 지루하기까지 한다」
(面白くないだけでなく、退屈さえする)

間違いやすい綴り　틀리기 쉬운 철자

1. 日本語の「ん」に対応する発音
일본어의「ん」에 해당하는 발음

誤用例

(×)「잉생/설면/주병/응요/의경/발경/도정/반법/편귱/겸험·견험/청청이/편화/춘분」

(○)「인생 (人生) /설명 (説明) /주변 (周辺、周り) /응용 (応用) /의견 (意見) /발견 (発見) /도전 (挑戦) /방법 (方法) /평균 (平均) /경험 (経験) /천천히 (ゆっくり) /평화 (平和) /충분 (充分)」

解 説

　日本語の「ん」は、韓国語のパッチムで「ㄴ/ㅁ/ㅇ」になります。3つの発音を耳で聞いて区別するのは、極めて難しいです。

　この3つのパッチムが含まれている単語を覚える時には、音の出し方をしっかり理解した上で、文字で覚えて下さい。

　パッチム「ㄴ」は、舌が上の歯茎にくっつく音で、パッチム「ㅇ」は、舌が口の中で宙に浮く音、パッチム「ㅁ」は、両唇を閉じる音です。

　日本語の「ん」は、途中から口が動いたりすることがありますが、韓国語のパッチムは一度音を出したら、動いてはいけません。

　「ㄴ」は、舌が歯茎にくっついたまま、「ㅇ」は、舌が宙に浮いたまま、「ㅁ」は、両唇を閉じたままです。動いたら、別のパッチムの発音に変わってしまいます。

　これらのパッチムが使われている単語を覚える時には、こうした理屈をしっかり理解し、それにしたがって何度か発音しながら文字で書いてみることです。音の出し方をしっかり理解しないとずっと混乱しますので、ぜひ実践してみて下さい。

分かち書きは正確に！　띄어쓰기는 정확하게

誤用例1

(×)「이동 하기 때문」「해결 할 수 있는」

(○)「이동하기 때문(移動するからだ)」「해결할 수 있는(解決することが出来る)」

解説

　意外と間違うことが多いケースです。「漢字語＋하다/되다」は、スペースは空けず、必ずつなげて書きます。「漢字語＋시키다(させる)」も同じです。

誤用例2

(×)「학생이라면 공부도 해야하고」

(○)「학생이라면 공부도 해야 하고(学生なら勉強もしなければならず)」

解説

　「～아야/어야 하다(～しなければいけない)」「～아야/어야 되다(～しなければならない)」は、띄어쓰기をします。

誤用例3

(×)「초등 학교」

(○)「초등학교(小学校)」

解説

　固有名詞や1つの単語と認められるものは、分かち書きをしないのが一般的です。

　例えば「교육환경(教育環境)」は、1つの言葉として使われることが多いため、分かち書きをしないでよい例です。何を1つの単語と見るかのルールがなく、判断に迷いますが、認知度や頻度などが1つの基準となります。

誤用例4

(×)分かち書きをする時、改行しても1マス空ける。

(○)分かち書きをする時、改行したら行頭は必ず詰める。

　前の行からの続きで、分かち書きをしなければならない状況になったとして
も、行の始めは必ず詰めて書きます。１マス空けるのは、段落替えの時のみで
す。TOPIK Ⅱの長文作文では、全体的に３カ所〜５カ所くらい段落替えがあれ
ば成功で、採点者が見た時に、そのくらいの１マス空けがされていれば、よい
構成になっている印象を与えることが出来ます。

誤用例5

（×）ピリオドやコンマは、マスの中に入れない。

（〇）ピリオドやコンマは、マスの中に入れる。

解 説

　ピリオドやコンマは、文字につけてマスの中に書くか、次のマスの左隅に寄
せて書くのが一般的です。その場合、次のマスを空けたりしなくても結構です。
その他のものは、１マスを使って書きます。

　英語の大文字は１マスに１文字ずつ書き、小文字や数字などは、２文字ずつ書
きます。

誤用例6

（×）「한 가지 일만 한다고 되는것은 아니라고 생각한다」

（〇）「한 가지 일만 한다고 되는 것은 아니라고 생각한다（１つのことを頑張
　　るだけでいいということではないと思う）」

解 説

　「〜것」の前は、必ず空けます。「〜ㄴ/은 것」「〜는 것」「〜ㄹ/을 것」「〜던
것」のような感じです。

34

作文に役立つ文法表現
作문에 도움되는 문법 표현

1. 文末表現　문말 표현

「~는 경우가 있다」→「~すること (場合) がある」

　例)「꼭 알아 두어야 하는 정보를 놓치는 경우가 있다」

　　　(必ず知っておかなければならない情報を逃すことがある)

「~라는/이라는 점이다」→「名詞＋という点である」

　例)「더 큰 문제는 그런 짓을 한 사람이 간부들이라는 점이다」

　　　(もっと大きな問題は、そういうことをした人が幹部たちだという点である)

「~ㄴ다는/는다는 점이다」→「動詞＋という点である」

　例)「이번 대회의 성과로서는 차기 지도자로 설 청년들의 성장을 느낄 수　있었다는 점이다」

　　　(今大会の成果としては、次の指導者として立つ青年たちの成長を感じる　ことが出来たという点である)

「~ㄹ/을 것으로 보인다」→「動詞・形容詞・名詞＋ものと思われる」

　例)「내년에는 한층 더 개혁의 거친 바람이 불어닥칠 것으로 보인다」

　　　(来年は一層改革の嵐が吹き荒れてくるものと思われる)

「~ㄹ/을 것으로 본다」

　→「動詞・形容詞・名詞＋だろうと思う／考える」

　例)「상호 존중의 기본 자세를 잃지 않는다면 지금보다 더 좋아질 것으로　본다」

　　　(相互尊重の基本姿勢を失わなければ、今よりもっとよくなるだろうと思　う)

「~았으면/었으면 좋겠다」

　→「3人称主語＋してほしい」「1人称主語＋したい」

例)「학생들이 좀더 자신감을 가졌으면 좋겠다는 생각이 들었다」

(学生たちに、もう少し自信を持ってほしいという思いがした)

「퇴직을 하고 나면 꼭 세계 일주 여행을 해 봤으면 좋겠다」

(退職をしたら、ぜひ世界一周旅行をしてみたい)

---

2. 接続表現　접속표현

「～는데」→「動詞＋のに」

例)「저소득층의 소득을 늘리는 데 많은 지원책이 필요하다는 것은 누구나 다 아는 사실이다」

(低所得層の所得を増やすのにたくさんの支援策が必要ということは、誰しもが知っている事実である)

「～에는 ～았/었으나 ～은/는 ～」

→「～には動詞・形容詞＋たが、～は動詞・形容詞＋た」

例)「이전에는 모른다고 발뺌을 할 수 있었으나 지금은 그런 말을 할 수 없게 되었다」

(以前は知らないと言い逃れることも出来たが、今はそういうことを言えなくなった)

「～ㄹ/을/는 것이 아니라」→「名詞・動詞＋のではなく」

例)「아무 것도 갖지 않는 것이 아니라 불필요한 것을 갖지 않는다는 뜻이다」

(何も持たないのではなく、不必要なものを持たないという意味である)

「모든 학습을 그룹별로 실시할 것이 아니라 때로는 혼자 생각하는 시간도 만들어 줘야 한다」

(すべての学習をグループ別に実施するのではなく、時には1人で考える時間も用意してあげなければならない)

「～ㄹ/을 뿐만 아니라」

→「名詞・動詞・形容詞＋だけでなく (のみならず)」

例)「제조업뿐만 아니라 금융업에도 손을 대고 있다」
(製造業のみならず、金融業にも手を付けている)

「야당으로부터 지지를 못 얻을 뿐만 아니라 여당 내에서도 반대 세력이
나올 수 있다」
(野党から支持を得られないだけでなく、与党の中からも反対勢力が出て
くる可能性がある)

「~ㄴ/은다고/는다고 해서 ~은/는 아니나」
→「~するからといって~ではないが」

例)「취미 생활을 한다고 해서 다 경제적인 여유가 있는 것은 아니나 돈이
없으면 취미 생활을 못하는 것도 사실이다」
(趣味生活をするからといって、みな、経済的な余裕があるわけではない
が、お金がなければ趣味生活が出来ないのも事実だ)

---

3. 全体構成の表現　전체 구성

導入

「~은/는 ~고 생각한다」
→「~は、~と思う」

「~은/는 ~에게 ~는 것 같은 생각이 든다」
→「~は、~に、~ような気がする」

「~에 대해서 다음과 같이 생각해 보고자 한다」
→「~について次のように考えてみようと思う」

「~에 대해서는 다음과 같이 ~가지로 나누어 생각해 볼 수 있다」
→「~については、次のように~に分けて考えることが出来る」

「~에 따르면 ~것으로 나타났다」
→「~によれば、~ものと表れた」

「첫 번째는~ 두 번째는~」
  →「1つ目は~ 2つ目は~」

「왜냐하면 ~기 때문이다」
  →「なぜかというと/というのは、~からである」

「~ㄴ/은 면이 있는가 하면 한편으로는 ~ㄴ/은 면도 있다」
  →「~という面があるかと思うと一方では~という面もある」

「또는(혹은) ~거나 ~거나」
  →「または~たり~たり」

「~은/는 ~ㄹ수록/을수록 ~아/어지고 ~면/으면 ~게 된다」
  →「~は、~すればするほど~くなり/になり、~すれば~くなる/
    になる」

「그렇기 때문에 ~아야/어야 한다고 생각한다」
  →「だから、~しなければならないと思う」

「이런 점들을 봤을 때 ~이/가 아닌가 라고 생각한다」
  →「こういうことを踏まえた時、~なのではないかと思う」

「그러므로 ~에 대해서는 ~이/가 바람직하다고 할 수 있다」
  →「したがって、~については、~が望ましいということが出来る」

TOPIK **II**

세 번째 모음

説明編

쓰기

Ⅰ TOPIK Ⅱ の쓰기試験

　TOPIK Ⅱの試験は、1時間目に行われる듣기/쓰기試験と、2時間目に行われる읽기試験とで構成されます。쓰기は、この3つの中で最も難易度が高い試験と言えます。쓰기である程度の点数が取れないと合格は望めません。問題の数も少なく、内容も簡単に取り組めるものではないので、受験者の皆様には大きな負担に感じられると思います。しかし逆に、しっかり対策を取りさえすれば、取れる点数が確実に計算できるという面もあります。具体的に言うと、次のようなイメージです。

	3級	4級	5級	6級
읽기読解	50	60	70	90
듣기聴解	40	50	70	80
쓰기作文	30	40	50	60
合格点	120	150	190	230

　つまり、TOPIK Ⅱの3級に合格したい場合、읽기と듣기合わせて90点、쓰기試験で30点以上取れれば、何とか合格点に達するというイメージができます。上の表の点数配分からお気づきのように、3つの試験の中で쓰기試験が最も難しいのは間違いないのですが、かといって100点満点中30点も取れないかと言うと、それほど難しいものではありません。日々の学習をしっかりとやっていれば不安になることはありません。

　対策を取りさえすれば何とかなると言いましたが、その対策というのも、干し草の中から針を探すような漠然とした作業ではありません。試験ですから、一定のパターンがあり、そのパターンに合わせて練習しておけば、充分合格出来ます。

　では、なぜこのような難しい問題を受験者の皆様に課すのでしょうか。その理由は、TOPIK Ⅱの쓰기試験を通して次のような教育目標を達成したいという思いがあるからです。

・高等教育機関の授業において、レポートや課題を他人の力を借りずに作成
　することが出来る。
・日常生活において、文章を通して自分の意思伝達を図ることが出来る。
・社会生活において、様々な種類の文を読み解き、必要に応じて他人の力を
　借りず、それに対応する文を作成することが出来る。

　上記のような教育目標がある以上、試験もそのような内容の問題が出題され
るのは言うまでもありません。それでは、쓰기試験の詳細を見ていくことにし
ましょう。

Ⅱ 쓰기 시험 (作文) その1

　쓰기試験で出題される問題のテーマですが、51番から54番までの各問題によ
ってその傾向が少しずつ違ってきます。

●51番問題 (穴埋め)
　まず51番問題ですが、これは日常生活に直結したテーマのものが出題される
ことが多く、問題形式もSNSの文や募集、招待、お知らせの文など、日常生活
を営むのに必要不可欠な内容のものが出されることが多いです。例えば次のよ
うなものです。

1）約束　　………………様々な約束事、待ち合わせ、約束の取消
2）予約　　………………多様なタイプの予約、予約の取消
3）変更　　………………計画、予約、約束などの変更
4）問い合わせ　…………バスや電車などの時刻表、営業時間、忘れ物
5）募集　　………………サークルの会員、各種イベントへの参加
6）招待　　………………結婚式、子供の誕生日パーティー、昇進祝い
7）お祝い　………………結婚、誕生日、昇進、還暦
8）注意　　………………携帯使用、ごみ捨て、立入禁止
9）情報案内　……………グルメ、観光名所、公演、コンサート

10） 売買　……………………買い物、製品紹介
11） 依頼　……………………様々なお願い、要請、要求

●52番問題（穴埋め）

　52番問題では、多種多様なテーマの話を分かりやすく紹介するいわば説明文のようなものが穴埋め形式で出されます。

　テーマは様々です。歴史、文化、文学、語学、宗教、哲学、社会問題、青少年問題、国家、組織、家庭、利益集団、流行、環境、自然、科学の原理、エネルギー、科学技術、未来社会、経済、経営、企業、グローバル化、国際化、機械、通信、建築、土木、ロボット、環境工学、遺伝工学、航空宇宙工学、生物工学、医療、医学、保健衛生、病気、症状、治療、遺伝子、芸術、音楽、美術、彫刻、芸術作品、映画、演劇、歌、エンターテインメント、健康、スポーツ、レジャー、人文科学、社会科学、自然科学、工学、芸術全般などです。

　各分野の一般的な事実や知識などを簡単に説明する内容が問題文として出されます。51番～54番の中で点数を取るのが最も難しい問題かもしれません。

●53番問題（作文）

　53番から本格的な作文に入ります。ここでは、テーマよりも問題の類型、特徴をつかむのが重要です。

　51番、52番は읽기能力を問われる問題、54番は、総合的な能力を問われる問題で、答え方がわかりやすいです。

　しかし、53番問題では、分析力を問うまったく違うスタイルの問題で、問題類型に合う定型化した答え方をしないと、点数が取れない特殊な性格の問題になっています。分析をさせる問題ですから、図や表、グラフ、アンケート結果なども登場します。

　問題の解き方としては、図や表、グラフ、アンケート結果などが何を言い表そうとしているのかを上手くまとめていけばよいということになります。今ま

でに出題された53番問題を類型別に分けると次の通りです。

1）変化型 ……………数や量の増減の変化を記す図や表、グラフが提示される。
2）分類型 ……………主タイトルの中身をいくつかのサブタイトルに分類し、それに簡単な説明をつけた図のようなものが提示される。
3）案内型 ……………何かに対する案内文が箇条書きの形で提示される。
4）流れ型 ……………年代や時代別の変化などが図やグラフの形で提示される。
5）スケジュール型 ………何かの日程が図の形で提示される。
6）比較型 ……………対照的な2つの事柄を並べ、それぞれの特徴を簡単にまとめたものが提示される。例えば、男女間の違い、賛成と反対、長所と短所、子どもは生むべきか否かなど。
7）仕様型 ……………何かの使用方法や問題解決方法などが提示される。

　これだけのものをどうやって一定の点数が取れるように文章でまとめていくのかという疑問が湧いてくるかもしれませんが、この53番問題は、ほとんどが自分の意見を述べるのではなく、提示された図や表、グラフ、アンケート結果に書いてある内容を文章で書きあげていく性格の問題になっています。つまり、自分で創作する必要はあまりなく、問題文に書いてある内容を忠実に拾っていけば、ある程度の点数が確実に取れる仕組みになっているので、一定の点数が確実に取れるのです。

　言い方を変えると、図や表、グラフ、アンケート結果の内容を要領よく書き写すだけである程度の点数が取れるということです。

●54番問題（作文）

　最後の54番は、問題文から与えられるテーマに対してどう思うかを600字〜700字の文章にまとめていく自由作文です。54番問題のテーマですが、概ね社会的に関心度の高いものが出題されることが多いです。

　「コミュニケーションの問題」「人を誉めること」「歴史を知ることの重要性」「現代社会で必要とする人材」「動機づけが仕事に及ぼす影響」などのテーマが出題されています。

●どう書けばよいのか？

　どう書けばよいのかが分からないので54番はあきらめたという声をよく聞きますが、あきらめる必要はありません。というのも、ある程度の長さ（3行～4行）を持つ文章がまず問題提起文として与えられるので、それを作文へのよいとっかかりにして応用していけばよいからです。

●最近の傾向

　最近の傾向としては、問題提起文の後に、さらに3つの質問を提示し、それに応える形で作文を書くように指示が出されますので、自分の創作に頼る必要がなくなり、だいぶ負担が軽くなりました。

　3つの文からなる問題提起文に少し肉付けをしただけで、ある程度の点数は取れますし、その3つの文と次に続く質問とを絡ませるだけでまたさらに点数を稼げるようになるので、100点中、30点を取れれば3級合格ということを考えると、54番を捨ててしまうのはもったいないと思います。

●点数を確実に取る方法

　さきほど、3級30点、4級40点、5級50点、6級60点を目安としましょうと言いましたが、その内訳をより具体的に見ると、まず3級を取るための30点は、51番と52番と合わせて7点、53番で15点、54番で8点を目標にすればよいかと思います。4級40点は、20＋10＋10、5級50点は、25＋10＋15、6級60点は、25＋10＋25のような配分を目標にすればよいでしょう。

　それでは、各問題の例や解き方をより具体的に見ていきましょう。一方、出題傾向ですが、毎回の問題パターンから小規模の変更が加えられることはあっても、後程紹介する例や練習問題などから大幅に変えられることはありません。

쓰기 시험 （作文） **その2**

　整理しておきましょう。쓰기試験は51番～54番までの全4問で構成されます。51番と52番は穴埋め形式の問題で、配点は両方とも5点×2問で10点となっています。53番は、出される図や表、グラフ、アンケート結果を文章で書き起こしていく問題で、配点としては30点です。最後の54番問題は、与えられたテーマに対する自分の考えを述べていく問題で、配点は50点です。

51番問題は、最近はE-mailやショートメール、KakaoTalk、LINE、Facebook などのSNS形式の文が使われることが主流になっています。以前は、図のようなものの中に、中身としては、募集や招待、問い合わせ、注意、情報案内の内容が穴埋めの形で出てくることもありました。例えば、第37回の問題では、募集というのがテーマでした。51番問題の具体的な構成を見ると、(ㄱ)と(ㄴ)の2カ所に空所を設け、その空所の部分に適切な内容の文を書いて埋める形式になっています。解答文の長さは1文です。複雑なものを書く必要はありません。5点×2問なので計10点の問題になります。

例題 1

※다음을 읽고 (ㄱ)과 (ㄴ)에 들어갈 말을 각각 한 문장으로 쓰십시오. 각 5점

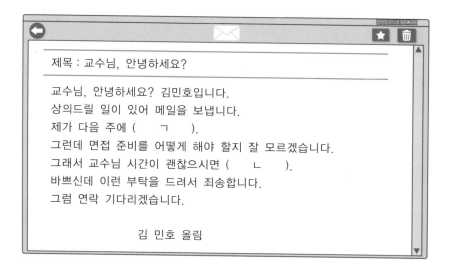

제목 : 교수님, 안녕하세요?

교수님, 안녕하세요? 김민호입니다.
상의드릴 일이 있어 메일을 보냅니다.
제가 다음 주에 (ㄱ   ).
그런데 면접 준비를 어떻게 해야 할지 잘 모르겠습니다.
그래서 교수님 시간이 괜찮으시면 (ㄴ   ).
바쁘신데 이런 부탁을 드려서 죄송합니다.
그럼 연락 기다리겠습니다.

김 민호 올림

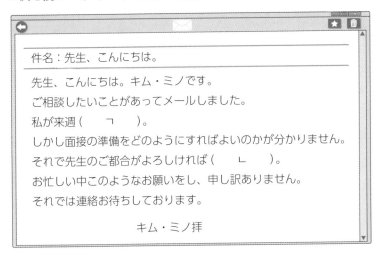

日本語の訳

※次を読んで（ㄱ）と（ㄴ）に入る表現をそれぞれ1文で書いて下さい。 各5点

件名：先生、こんにちは。

先生、こんにちは。キム・ミノです。
ご相談したいことがあってメールしました。
私が来週（　ㄱ　）。
しかし面接の準備をどのようにすればよいのかが分かりません。
それで先生のご都合がよろしければ（　ㄴ　）。
お忙しい中このようなお願いをし、申し訳ありません。
それでは連絡お待ちしております。

キム・ミノ拝

解 説

● 空所の前後の流れを読み取る

　この問題の解答が書けるかどうかは、最初の空所の前後の文の意味をしっかり読み取れるかにかかっています。

● （ㄱ）に入る文

　（ㄱ）の後に「면접 준비를 어떻게 해야 할지 잘 모르겠다（面接の準備をどのようにすればよいのかが分からない）」という文が出てきますが、それを踏まえると、その前の文に面接のことに触れる内容が書かれていなければなりません。しかし前の文には「제가 다음 주에（私が来週）」と書いてあるだけで、面接のことに触れる内容は書いてありません。ということは、（ㄱ）に面接を受けることになったという内容を書けばよいということになります。面接と言っていますが、この場合、何の面接なのかは重要ではありません。（ㄱ）には、「입사 시험 면접을 보게 되었습니다（入社試験の面接を受けることになりました）」のような文を書けば5点は無難に取れると思います。

● （ㄴ）に入る文

　次の（ㄴ）ですが、本文の中に出てくる「교수님」という言葉を踏まえたら、このメールを書いている人は恐らく学生ということになります。それから「면접

준비를 어떻게 해야 할지 잘 모르겠다」と言ったり「상의드릴 일이 있어 (相談をしたいことがあって)」と言ったりしているので、この人は先生から面接に関する指導を受けようとしていることが分かります。(ㄴ) にはその内容を書きます。例えば「교수님께 면접 지도를 받고 싶습니다 (先生から面接の指導を受けたいです)」「교수님 찾아뵙고 면접 지도를 받았으면 합니다 (先生のところに伺って面接の指導を受けられればと思います)」などのような表現が適切かと思います。

● 提案する表現

　さて、この例題1は先生との間で約束を取り付けようとする内容のものでした。そうすると、自分から約束を取り付けようと提案するわけですから、言い方としては「〜したいのですが」「〜して頂けるとありがたいのですが」などの表現を使えばよいということになります。それに該当する韓国語の表現は「〜고 싶습니다만 (〜したいのですが)」「〜았/었으면 합니다 (〜したらと思います)」「〜면/으면 고맙겠습니다 (〜 (して頂ける) とありがたいです)」「〜면/으면 감사하겠습니다 (〜 (して頂ける) とありがたいです)」などになります。

例題2

※ 다음을 읽고 (ㄱ)과 (ㄴ)에 들어갈 말을 각각 한 문장으로 쓰십시오. 각 5점

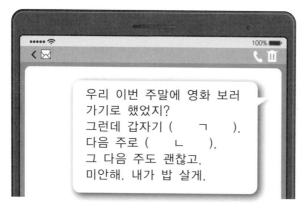

우리 이번 주말에 영화 보러
가기로 했었지?
그런데 갑자기 (　　ㄱ　　).
다음 주로 (　　ㄴ　　).
그 다음 주도 괜찮고.
미안해. 내가 밥 살게.

日本語の訳

※次を読んで（ㄱ）と（ㄴ）に入る表現をそれぞれ1文で書いて下さい。各5点

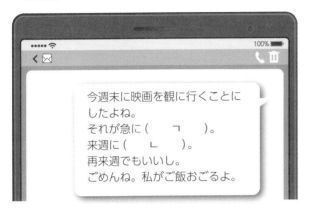

今週末に映画を観に行くことに
したよね。
それが急に（　　ㄱ　　）。
来週に（　　ㄴ　　）。
再来週でもいいし。
ごめんね。私がご飯おごるよ。

解　説

●約束や予定の変更タイプの問題

　この問題文は、①「영화를 보러 가기로 했었다（映画を観に行くことにし
た）」②「그런데 갑자기〜（それが急に〜）」③「다음 주로〜（来週に）」という話
の流れになっています。それを踏まえると、括弧の部分がなくても、映画を観
に行く約束を変更しようとしていることが分かります。そうすると、（ㄱ）には
「別の用事が出来た」という内容が、（ㄴ）には「変更したい」という内容が入るの
が流れ的に自然です。（ㄱ）は「일이 생겨서 못 가게 됐어（用事が出来て行けな
くなったよ）/일이 생겨서 못 갈 것 같아（用事が出来て行けそうにないの）」、
（ㄴ）は「약속을 바꾸면 안 될까?（約束を変更したらだめ?）/변경해도 괜찮
겠어?（変更してもいい?）/약속을 미루면 안 될까?（約束を延ばしたらだめ
?）」のような表現が入ります。約束や予定、計画などの変更をテーマとして出し
てくる問題文には、その約束や予定、計画を変更せざるを得なくなった理由や
新しい約束や予定、計画を提案する内容を解答として求めることが多いです。

●（ㄱ）（ㄴ）に入る文

　それを踏まえると、この変更型の場合には、（ㄱ）には「일이 생겨서（用事が
出来たので）/급한 볼일이 생겨서（急用が出来て）/부득이한 사정이 있어서
（やむを得ない事情があって）」のような表現を、（ㄴ）には、例えば丁寧な言い方
の場合には、「예정을 변경하고 싶은데 괜찮으시겠습니까?（予定を変更した

いのですが、大丈夫でしょうか）/일정을 바꾸었으면 하는데 어떠신지요?（スケジュールを変更させて頂きたいのですが、いかがでしょうか）/날짜를 옮겼으면 하는데 어떠신지요?（日付を変更させて頂きたいのですが、いかがでしょうか）」のような表現を書けばよい点が取れます。

例題3

※다음을 읽고 (ㄱ)과 (ㄴ)에 들어갈 말을 각각 한 문장으로 쓰십시오. 각 5점

```
          - 쓰레기 불법 투기 금지 -
이곳에 (    ㄱ    ).
만일 이곳에 쓰레기를 버리다가 적발되는 경우에는 처벌을
받을 수 있습니다. 쓰레기는 반드시 (    ㄴ    ).
                              남산시 환경과
```

日本語の訳

※次を読んで (ㄱ) と (ㄴ) に入る表現をそれぞれ１文で書いて下さい。各5点

```
          ―ごみの不法投棄禁止―
ここに (    ㄱ    )。
もしここにごみを捨てて摘発された場合には処罰を受けることが
あります。ごみは必ず (    ㄴ    )。
                           ナムサン市環境課
```

解　説

● タイトルの意味が分かるかがポイント

　この問題はタイトルに書いてある「금지 (禁止)」の意味が分かるかどうかがポイントです。何かを禁止する内容ですから、恐らく (ㄱ) は「〜してはいけない」という内容を書けばよく、(ㄴ) は、3行目に出てくる「반드시 (必ず)」のような言葉を踏まえると、守らなければならないことを書けばよいことになるかと思います。

● (ㄱ)(ㄴ)に入る文

ここでは禁止しているのが「쓰레기 불법 투기 (ごみの不法投棄)」なので、(ㄱ) には「쓰레기를 버리면 (버려서는) 안 됩니다 (ごみを捨ててはいけません)」、(ㄴ) には「정해진 곳에 버려 주시기 바랍니다 (決まったところに捨てて下さい)」などが適切な表現となります。

例題 4

※ 다음을 읽고 (ㄱ)과 (ㄴ)에 들어갈 말을 각각 한 문장으로 쓰십시오. 각 5점

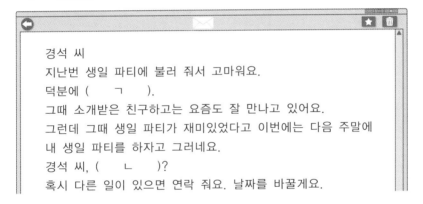

경석 씨
지난번 생일 파티에 불러 줘서 고마워요.
덕분에 (ㄱ).
그때 소개받은 친구하고는 요즘도 잘 만나고 있어요.
그런데 그때 생일 파티가 재미있었다고 이번에는 다음 주말에
내 생일 파티를 하자고 그러네요.
경석 씨, (ㄴ)?
혹시 다른 일이 있으면 연락 줘요. 날짜를 바꿀게요.

日本語の訳

※次を読んで (ㄱ) と (ㄴ) に入る表現をそれぞれ 1 文で書いて下さい。各5点

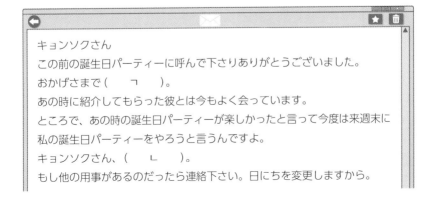

キョンソクさん
この前の誕生日パーティーに呼んで下さりありがとうございました。
おかげさまで (ㄱ)。
あの時に紹介してもらった彼とは今もよく会っています。
ところで、あの時の誕生日パーティーが楽しかったと言って今度は来週末に
私の誕生日パーティーをやろうと言うんですよ。
キョンソクさん、(ㄴ)。
もし他の用事があるのだったら連絡下さい。日にちを変更しますから。

● **(ㄱ)に入る文**

1行目に「생일 파티 (誕生日パーティー)」という言葉と「불러 주다(呼んでくれる)」という言葉があるので、誕生日パーティーに誰かを呼ぶ話なのかなというのが何となく分かると思います。2行目に「덕분에(おかげさまで)」という言葉が出てきますから、この文を書いた人は誰かの誕生日パーティーに招かれて行き、そのお礼をメールで伝えているのではと推測出来ると思います。招いてくれたことに対するお礼のメールですから、「덕분에」の後には、「楽しい時間を過ごさせて頂きました」のような表現が来るのが妥当と思います。(ㄱ)は、「아주 즐거운（재미있는）시간을 보냈어요 (とても楽しい（おもしろい）時間を過ごせました)」「아주 즐거웠어요 (とても楽しかったです)」「너무 재미있었어요 (とてもおもしろかったです)」のような表現になるかと思います。

● **(ㄴ)に入る文**

次の(ㄴ)ですが、その前に「경석 씨」と相手に呼びかける言葉が書いてあり、「, 」があるので、何か改めて相手に提案しようとしていることが分かります。その提案の後に最後の行で、「혹시 다른 일이 있으면 (もし他の用事があるのならば)」と言っているので、(ㄴ)は、自分の誕生日パーティーにキョンソクを誘うような内容でないとおかしいことになります。(ㄴ)は、「다음 주말에 시간 있어요? (来週末に時間ありますか)」「다음 주말 내 생일 파티에 올래요? (来週末の私の誕生日パーティーに来ませんか)」などのような表現になろうかと思います。

● **招待の時に使える表現**

招待の時に使える表現はいろいろあります。最もシンプルなのは「~에 오세요 (~に来て下さい)」で、他にも「~에 안 올래요? (~に来ませんか)」「~에와 주셨으면 고맙겠습니다 (~に来て頂けるとありがたいです)」などの表現があって、相手に対する丁寧さなどとの兼ね合いによっていろいろな表現が使えます。

● **51番問題のテーマ**

51番で出てくる問題のテーマは例題1～例題4以外にもいろいろありますが、ここで取り上げた約束、変更、注意、招待以外にも、予約、問い合わせ、募集、お祝い、情報案内、売買、依頼などのテーマがあり、これらについては、後程模擬問題でもとり上げますので、そちらで練習をして頂きたいと思います。

　52番では、人文科学、社会科学、自然科学、医学、工学、芸術などの各分野の一般的な事実や知識などをコンパクトに紹介する説明文のようなものが穴埋め形式で出題されます。分野が多岐にわたるため、まったく知らない分野が出題される可能性もあります。だからといって簡単にあきらめる必要はありません。なぜかというと、空所には短い1文を書くだけでよく、また、説明をする文ですから、問題文中のどこかにヒントとなる単語や表現が必ず含まれていて、それらをうまく見つけ出し空所に合わせて書けば、内容に合っているということで2〜3点は取れます。

　前節で言いましたように、51番と52番とを合わせて7点以上獲得を3級合格の目安、51番、52番5点ずつ10点獲得を4級合格の目安とするならば、知らない内容だからといって簡単にあきらめてはなりません。

　ヒントとなる単語や表現を見つける方法ですが、まず、問題文の中で繰り返し出てくる単語や表現を探して下さい。それが問題文の最も言いたいことだからです。次に、それがどんな意味なのかを把握し、空所の中にその単語や表現を入れます。しかし、単語や表現をそのままの形で空所に入れてはなりません！空所の前後の文法的環境に合った形で入れる必要があります！

　52番問題を解く順番は、①まず問題文全体を読みながら繰り返し出てくる単語や表現を見つける、②その単語や表現をどのように（ㄱ）や（ㄴ）に配置するかを考える、③適切な文法の形を整える、といったものになるかと思います。

　問題文の量は、行で言うと4行〜5行、文の数で言うと4文〜6文くらいです。具体的な構成は、（ㄱ）と（ㄴ）の2カ所に空所を設け、その空所の部分に適切な内容の文を書いて埋める形式です。長く書く必要はありません。1文だけでよいです。配点は5点の2問で計10点の問題になります。

　問題の性格的に읽기試験の16番〜22番、28番〜38番とよく似ています。読解能力があれば他の쓰기試験より解きやすくなると思います。

例題1

※ 다음을 읽고 (ㄱ)과 (ㄴ)에 들어갈 말을 각각 한 문장으로 쓰십
시오. 각 5점

> 　머리는 언제 감는 것이 좋을까? 어떤 사람은 자기 전에 감
> 기도 하고 어떤 사람은 (　　ㄱ　　). 그런데 더러워진 머리
> 는 감고 자는 것이 좋기 때문에 (　　ㄴ　　). 머리를 말리는
> 데 시간이 걸리는 것을 싫어하는 사람은 아침에 감겠지만….

日本語の訳

※次を読んで (ㄱ) と (ㄴ) に入る表現をそれぞれ1文で書いて下さい。各5点

> 髪はいつ洗うのがよいだろうか。ある人は寝る前に洗い、またある人は (　　ㄱ　　)。
> しかし汚れた髪の毛は洗ってから寝た方がいいので、(　　ㄴ　　)。髪を乾かすのに時
> 間がかかるのを嫌がる人は朝洗うと思うが…。

解　説

● 繰り返し出てくる単語や表現に注目！

　冒頭で、解答へのヒントとなるものを見つけなさいと言いましたが、繰り返し
出てくるのは、「머리(를) 감다 (髪の毛を洗う)」という表現です。

● (ㄱ) に入る文

　次に (ㄱ) や (ㄴ) に何を入れるかを考えます。(ㄱ) が含まれている文に「어떤
사람은 ~기도 하고 어떤 사람은~ (ある人は~し、ある人は~)」という表現
が出てきますが、それを踏まえると (ㄱ) には前者の「자기 전에 머리를 감고」
とペアになり得るような内容を書けばよいということになります。ペアになり得
る内容ですから、「寝る前に髪を洗う」と対称的な内容になり得る、例えば「아
침에 (일어나서) 머리를 감기도 한다 (朝起きて髪を洗ったりする)」のような
表現が最も適切な表現となります。

　この際に注意しなければならないのが、「머리를 감다」を (ㄱ) に入れる時に、
(ㄱ) の文法的環境に合わせて「머리를 <u>감기도 한다</u>」というふうに、<u>必ず文法</u>

の形を整えることです。

●（ㄴ）に入る文

　次に（ㄴ）ですが、（ㄴ）の手前で、汚れた髪は洗ってから寝た方がよいと言っているので、汚れを取るのは夜にしかできないので、その内容を書けばよいということになります。例えば「할 수만 있으면 자기 전에 감는 것이 좋다（出来るならば寝る前に洗った方がよい）」のような表現です。

例題2

※다음을 읽고 （ㄱ）과 （ㄴ）에 들어갈 말을 각각 한 문장으로 쓰십시오. 각 5점

> 　살면서 다른 사람한테 좋은 일이 생겼을 때 그것을 대하는 우리의 （　ㄱ　）. 하나는 그것을 시기하고 질투하는 마음이 드는 것이고 （　ㄴ　）. 물론 진심으로 그것을 축복해 주는 것은 쉬운 일이 아니다. 그렇지만 그렇게 해야 우리 마음이 편해진다.

日本語の訳

※次を読んで（ㄱ）と（ㄴ）に入る表現をそれぞれ1文で書いて下さい。各5点

> 　生きていて他人によいことが起きた時にそれに対する私たちの（　ㄱ　）。1つはそれを妬み、嫉妬する気持ちになってしまうことで、（　ㄴ　）。もちろん心を込めてそれを祝福するのは容易なことではない。しかしそうしないと自分自身の気持ちが休まらない。

解　説

●「1つは」に注目！

　ここでは、2行目に出てくる「하나는」に気づくかがポイントになると思います。「1つは」という意味ですから、それが分かれば、もう1つのことを（ㄴ）に書けばよいということになるからです。そこまで気が付けば、（ㄱ）には気持ち

が２つに分かれるという内容を書けばよいのではという結論を得ることが出来ます。

　解答へのヒントとなるものをまず見つけましょうと言いましたが、この問題文から見つけるとしたら「마음」くらいなので、それをどのように生かせばいいかが難しいと思います。しかし、２つ目の気持ちを語っている (ㄴ) の後に「물론 진심으로 그것을 축복해 주는 것은 쉬운 일이 아니다 (もちろん心を込めてそれを祝福するのは容易なことではない)」という文が続くことを踏まえると、(ㄴ) にこの内容を書けばよいのではということが何となく分かると思います。

● (ㄱ)(ㄴ) に入る文

　以上のような判断を踏まえると、(ㄱ) には「마음이 둘로 (두 가지로) 나뉜다 (気持ちが２つに分かれる)」のような表現が、(ㄴ) には「다른 (또) 하나는 진심으로 축복해 주고 싶은 마음이 드는 것이다 (もう１つは真心を込めておめでとうと言いたい気持ちになることだ)」のような表現が適切と思われます。

　この例題のように、問題によっては、括弧のすぐ後に出てくる文が重要なヒントになることも多いので、何を入れればよいのかすぐに判断がつかない場合には、空所の前後、特に後ろの文をじっくり読んでみることです。

例題３

※ 다음을 읽고 (ㄱ)과 (ㄴ)에 들어갈 말을 각각 한 문장으로 쓰십시오. 각 5점

> 　교사들은 첫 시험 성적이 좋은 학생을 똑똑하다고 생각하는 경향이 있다. 왜냐하면 (　ㄱ　). 이와 같이 첫인상이 나중의 평가에 영향을 주는 좋은 예가 면접 시험이다. 그래서 사람들은 면접 시험을 볼 때 (　ㄴ　).

※次を読んで（ㄱ）と（ㄴ）に入る表現をそれぞれ1文で書いて下さい。各5点

> 教師たちは最初のテストの成績がよい学生を賢いと考える傾向がある。なぜかというと（　　ㄱ　　）。このように最初の印象が後の評価に影響するよい例が面接試験だ。それで人々は面接試験を受ける時に（　　ㄴ　　）。

解　説

● キーワードを抽出する

　この問題文でキーワードになるのは「첫 시험 성적/첫인상」などですが、それをどう生かせばよいのかとなると、難しいかもしれません。ですが、前に「왜냐하면」があるので、（ㄱ）に理由を書けばよいのでは、ということが何となく分かります。では、その理由をどう書けばよいかということですが、前にも言いましたように、空所の前後をよく読んでみるとそこに理由となり得るものが書かれていることが多いので、まずは前後を読んでみます。この問題文ではその理由が（ㄱ）の後の文に続きます。

● （ㄱ）に入る文

　以上を踏まえると（ㄱ）には「첫인상이 나중의 평가에 영향을 주기 때문이다（最初の印象が後の評価に影響するからだ）」のような文を書けばよいということになります。

● （ㄴ）に入る文

　次の（ㄴ）ですが、この問題文の冒頭で「첫 시험 성적이 좋다（最初のテストの成績がよい）→첫인상이 좋다（最初の印象がよい）→똑똑하다고 평가받는다（賢いと評価される）」という循環になっていることを言っていて、その後でそのよい例が面接試験だと説明しているので、（ㄴ）には最初によい印象を受けたいと思っているという内容を書けばよいです。それを踏まえると「좋은 첫인상을 받고 싶어 한다（いい第一印象を受けたがる）/첫인상을 좋게 하려고 노력하게 된다（第一印象をよくしようと努力するようになる）/좋은 첫인상을 주려고 한다（いい第一印象を与えようとする）」などのような表現が適切と思われます。

例題 4

※ 다음을 읽고 (ㄱ)과 (ㄴ)에 들어갈 말을 각각 한 문장으로 쓰십시오. 각 5점

> 사람은 땀으로 체온을 조절한다. 그래서 몸의 온도가 올라
> 가면 열을 피부 밖으로 내보내기 위해 (ㄱ   ). 그런데
> 이때 피부 바로 아래에 있는 핏줄들도 열을 식히려고 피를 더
> (ㄴ   ). 땀이 날 때 피부가 빨갛게 보이는 것은 바로
> 이 때문이다.

日本語の訳

※次を読んで (ㄱ) と (ㄴ) に入る表現をそれぞれ1文で書いて下さい。各5点

> 人間は汗で体温を調節する。それで体の温度が上がったら熱を皮膚の外に出すために
> (ㄱ   )。しかしこの時に皮膚のすぐ下にある血管も熱を冷まそうと血をもっと
> (ㄴ   )。汗をかく時に肌が赤く見えるのはこのためだ。

解　説

● 最初の1文に注目！

　この問題文で最もカギとなるのは最初の文です。最初の「땀으로 체온을
조절한다 (汗で体温を調節する)」という内容と、その後の文の中から出てく
る「몸의 온도 (体の温度)」、「열 (熱)」、「피부 (皮膚)」、「핏줄 (血管)」などの
言葉とを考えあわせた上で判断すると、(ㄱ) には、汗を掻くという内容を書
けばよく、(ㄴ) には、血を流すという内容を書けばよいということが何となく
分かってきます。

● (ㄱ) (ㄴ) に入る文

　以上を踏まえると (ㄱ) には「땀을 발생시키게 된다 (汗を発生させるように
なる) /땀을 흘리게 된다 (汗を掻くようになる)」のような表現が、(ㄴ) には
「흘려보내게 된다 (流すようになる) /흘려보내는 움직임을 하게 된다 (流す
動きをするようになる)」のような表現が適切なものになります。

例題5

※다음을 읽고 (ㄱ)과 (ㄴ)에 들어갈 말을 각각 한 문장으로 쓰십시오. 각 5점

> 집에서 채소를 보관하면 오래 못 가는 경우가 많다. 왜냐하면 (ㄱ). 그런데 집에서는 수분이 빠져나가지 않도록 할 수 있는 방법이 없기 때문에 채소는 어떻게 보관을 하든 (ㄴ). 한편 시든 채소는 뜨거운 물에 넣어 씻으면 일시적으로 싱싱해진다.

日本語の訳

※次を読んで (ㄱ) と (ㄴ) に入る表現をそれぞれ1文で書いて下さい。各5点

> 家で野菜を保管すると長持ちしないことが多い。なぜなら (ㄱ)。しかし家では水分が抜けないようにする方法がないので、野菜はどのように保管しようが (ㄴ)。一方、萎れた野菜は熱いお湯に入れて洗うと一時的にみずみずしくなる。

解 説

●**繰り返し出てくる単語に注目！**

　この問題文に繰り返し出てくる言葉または表現は「채소(野菜)」です。具体的には「채소를 보관하다(野菜を保管する)」「시든 채소(萎れた野菜)」などです。

●**(ㄱ)に入る文**

　(ㄱ) の前に「왜냐하면」があるので、理由を書けばよいということになります。その理由ですが、(ㄱ) の後の文がヒントとなります。それを踏まえると(ㄱ) は「채소에서 수분이 빠져나가기 때문이다(野菜から水分が抜けていくからである)」のような書き方でよいということになります。

●**(ㄴ)に入る文**

　(ㄴ) の前のところで、野菜が萎れていくのを防ぐ方法はないと言っていますから、結果的に野菜は萎れていきます。それを踏まえると、(ㄴ) には「점점 말라가게 (시들어 가게) 된다(次第に萎れていくことになる)」となります。

　　53番問題は、図や表、グラフ、アンケート結果を見て、その資料が示す内容を200字～300字の長さの文章でまとめていくタイプの問題です。したがって文全体を自分で創作する必要がありません。資料の示す内容をいかに忠実に拾い、文で表現するかが大事になってきます。資料の図や表、グラフ、アンケート結果の内容を書き写すだけでも10点は取れるので、少し違う単語を入れたり前後の文脈をうまくつなぐ接続表現を入れたりするとさらに5点は加点されます。

　　この53番問題を解く時には、まずどんな類型の問題なのかを把握することが重要です。そのパターンによって解答の書き方が変わってくるからです。もちろん下記のようにいろいろあるパターンの書き方をすべて覚えるのは大変ですが、それでも、練習をして覚えておかなければなりません。

　　解答の書き方ですが、手も足も出ないような難しいものではなく、パターンに合わせた文型や言葉をいくつか覚えるだけで充分です。今までの53番問題からは次のようなものが出題されていました。

・変化型：数量の変化を示し、それを説明させるもの。

・分類型：ある事柄を枝分かれ的に提示し、それを説明させるもの。

・案内型：個条書きの形で案内文を提示し、それを説明させるもの。

・流れ型：年代や時代別の変化を提示し、それを説明させるもの。

・スケジュール型：何かの日程を提示し、それを説明させるもの。

・比較型：対称的な2つの事柄を並べ、それを説明させるもの。

・仕様型：使用方法や問題解決方法などを提示し、それを説明させるもの。

公開されている採点基準を紹介しましょう。

① 内容が主題と関連し、豊富で多様か。

② 提示されている情報を適切に使用しているか。

③ 文の構成が論理的で組織的か。

④ 語彙と文法を適切かつ多様に使っているか。

例題 1 ：変化型①

※다음 그래프를 보고 연도에 따라 수출입 현황이 어떻게 변화하였는지 살펴보고 그에 대한 자신의 생각을 200~300자로 쓰십시오. 30점

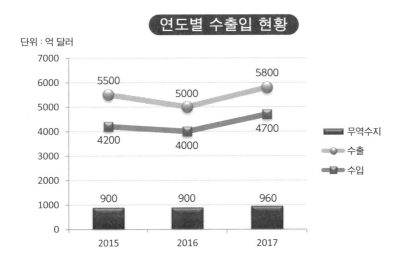

※次のグラフを見て、年度によって輸出入の現況がどのように変化したのかを読み取り、それに対する自分の考えを200～300字で書いて下さい。 30点

年度別輸出入現況

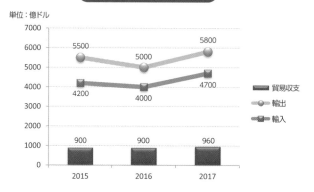

単位：億ドル

解 説

● グラフを使った変化型

　変化型の場合は、①まず資料のタイトルを書いてその資料がどんな内容なのか概略を書く、②年度別の数字を書く、③数字の変化に対して説明する、④数字の変化に対する感想を書く、の順番で文を起こしていきます。例えば、次のような書き方です。

● 解答例① ── 10点～15点が取れる解答文

① 연도별 수출입 현황을 보면 연도에 따라 변화한다.
② 무역수지는 2015년에 900억 달러, 2016년에 900억 달러, 2017년에 960억 달러였다. 수출은 2015년에 5500억 달러, 2016년에 5000억 달러, 2017년에 5800억 달러였다. 수입은 2015년에 4200억 달러, 2016년에 4000억 달러, 2017년에 4700억 달러였다.
③ 수출과 수입이 2016년에 줄었다가 2017년에 늘었다. 무역수지도 2017년에 늘었다.
④ 이와 같이 2017년에 무역수지가 늘어난 것으로 나타났다.

① 年度別輸出入現況を見ると、年度によって変化している。

② 貿易収支は、2015年には900億ドル、2016年には900億ドル、2017年に960億ドルだった。輸出は2015年に5500億ドル、2016年に5000億ドル、2017年に5800億ドルだった。輸入は2015年に4200億ドル、2016年に4000億ドル、2017年に4700億ドルだった。

③ 輸出と輸入が2016年に減少したが、2017年に増加した。貿易収支も2017年に増加した。

④ このように、2017年に貿易収支が増えたことが分かった。

　　①～④の番号は便宜的に入れたもので実際には書きません。さて、仮に上記のような解答文が書けたら10～15点は取れると思います。
　　逆になぜ10点、15点止まりかということですが、次の解答例を見て下さい。

● 解答例②──**30点満点が取れる解答文**

　　연도별 수출입 현황을 보면 연도에 따라 다소 변화가 있는 것으로 나타났다. 먼저 무역수지는 2015년과 2016년에 900억 달러이던 것이 2017년에 960억 달러로 약간 증가하였다. 한편 수출은 2015년에 5500억 달러, 2016년에 5000억 달러로 약간 줄어들었던 것이 2017년에는 5800억 달러로 대폭 증가하였다. 또한 수입도 2016년에 약간 줄었다가 2017년에 증가하였다. 수출과 수입이 2016년에 줄었다가 2017년에 늘어남에 따라 무역수지도 2017년에 같이 늘었다. 한편 이 그래프를 보면 2017년에 수출과 수입 합쳐서 1조 달러를 넘어섰음을 알 수 있다.

年度別輸出入現況を見ると、年度によって多少変化があることが分かった。まず、貿易収支は、2015年と2016年に900億ドルだったのが、2017年に960億ドルにわずかに増加した。一方、輸出は2015年に5500億ドル、2016年に5000億ドルと少し減ったものが、2017年には5800億ドルに大幅に増加した。また輸入も2016年に若干減少したが、2017年に増加した。輸出と輸入が2016年に減少したが、2017年に増加したことにより、貿易収支も2017年に一緒に増加した。一方、このグラフを見ると、2017年に輸出と輸入を合わせ、1兆ドルを超えていることが分かる。

　大筋は前の解答文と変わりませんが、2つの解答文の決定的な違いは、解答例①は、問題のグラフの内容をそのまま書いただけで、どこかに応用を施した痕跡がほとんどないのに対して、解答例②は、文と文の間につなぎを入れたり、最後に資料への分析を入れたりしています。それをすることで、ほぼ丸写しで終わってしまっている解答例①と比べて、30点満点しっかり取れる文に変貌するのです。となると、上記の下線部分をどのくらい書くかによって15点〜30点の点数が決まってくるということになります。

　53番の変化型問題では、次のような単語や表現を積極的に使うようにして下さい。

単語	한편 (一方), 오히려 (逆に、かえって), 먼저 (まず)、그에 비해 (それに比べて)、이처럼/이와 같이 (このように)
表現	대폭 (大幅に) /조금씩 (少しずつ) /점점 (段々) /약간 (少し) 감소 (減少) /증가 (増加) ~이었던/였던 것이 (~だったのが) ~에 따르면 (~によれば) ~에 불과했지만 (~に過ぎなかったが)

例題２：変化型②

※최근 한국 사회에서는 결혼을 하지 않는 여성들이 증가하고 있습니다. 다음 자료를 참고하여 비혼 여성이 증가하는 원인과 현황을 설명하는 글을 200~300자로 쓰십시오. 30점

비혼 여성 증가의 원인	여성 독신율의 추이
1. 여성의 경제력 향상 2. 결혼 후의 가사 육아 부담 3. 양성 평등에 대한 인식 부족	2005년 2.0% ↓ 2025년 10.5%

日本語の訳

※最近、韓国社会では、結婚をしない女性が増加しています。次の資料を参考にして非婚女性が増加する原因と現況を説明する文を200～300字で書いて下さい。30点

非婚女性増加の原因	女性独身率の推移
1. 女性の経済力向上 2. 結婚後の家事育児負担 3. 男女平等に対する認識不足	2005年 2.0% ↓ 2025年 10.5%

解　説

●グラフを使わない変化型

　グラフを使わない変化型です。グラフの変化型は、グラフに表れている数字を全部書いていけばよかったのですが、このような記述式の変化型は、書く対象となる数字がないので、まずは、問題文に書いてある内容を利用して頭の出

だし文を書いた後、左側の項目、ここでは原因になっていますが、その内容を順番に書いていけばよいということになります。それから、その左側の項目、ここでは推移ですが、現状がどう変わっているのかを数字を挙げて順番通りに書いていきます。例えば、次のような内容です。まず、10点は取れるだろうという解答文から見て下さい。

● 解答例① ── 10点は取れる解答文

> 　최근의 한국 사회에서 결혼을 하지 않는 여성들이 증가하고 있다. 비혼 여성이 증가하는 원인으로는 다음의 세 가지가 있다. 첫째는 여성의 경제력 향상이다. 두 번째는 결혼 후의 가사와 육아에 대한 부담이다. 세 번째는 양성 평등에 대한 인식 부족이다. 여성 독신율은 2005년에는 2.0%이고 2025년에는 10.5%가 될 것으로 보인다. 이처럼 여성 독신율은 2005년보다 2025년이 높게 나타난다.

> 　最近の韓国社会で結婚をしない女性たちが増加している。非婚女性が増加する原因としては次の3つがある。1つ目は女性の経済力向上である。2つ目は、結婚後の家事と育児の負担である。3つ目は、男女平等に対する認識不足である。女性独身率は、2005年には2.0%で、2025年には10.5%になるものと思われる。このように、女性の独身率は、2005年より2025年が高くなっている。

　この解答文が10点くらいしか見込めない理由は、ほぼ丸写しをしており、独自性がほとんど見当たらないからです。しかし、逆に考えると、間違ったことは書いていないので、丸写しをするだけでも最低10点は取れるということにもなります。それでは、30点満点が取れる解答例②を見て下さい。

●解答例② —— 30点満点が取れる解答文

최근 한국 사회에서 결혼을 하지 않는 여성들이 늘어나고 있다고 한다. 이러한 비혼 여성들이 증가하는 원인은 다음의 세 가지로 나타난다. 첫 번째는 여성의 경제력 향상이고 두 번째는 결혼 후의 가사와 육아에 대한 부담이다. 세 번째로는 양성 평등에 대한 인식 부족이다. 한편 이러한 비혼 여성이 증가함에 따라 여성 독신율도 늘어나고 있다. 2005년에 2.0%에 불과했던 여성 독신율이 2025년에는 크게 증가하여 10.5%가 될 것으로 예상된다. 이처럼 여성 독신율이 높아짐에 따라 여러 가지 문제가 일어날 것으로 보인다.

最近、韓国社会で結婚をしない女性が増えているという。これらの非婚女性が増加している原因は、次の3つに現れる。最初は女性の経済力向上であり、2つ目は、結婚後の家事や育児の負担である。第3には、男女平等に対する認識不足である。一方、このような非婚女性が増加するにつれて、女性独身率も増えている。2005年に2.0%に過ぎなかった女性独身率が2025年には大幅に増加して10.5%になるものと予想される。このように女性独身率が高くなるにつれて、様々な問題が起こることが予想される。

この解答文が1つ目の解答文に比べて違っているのは、
①文と文の間につなぎとなる単語や表現をしっかり取り入れていることと、
②最後に感想を述べる文を付け加えていること、
③左の非婚女性たちが増えている原因と右の女性独身率の推移とを結びつけて書いていること
の計3点です。これができれば、10点強の点数から満点の30点になるのです。

●加点に必須の表現

ここでも「한편 (一方)」「～에 불과했던 (～に過ぎなかった)」「크게 증가하여 (大幅に増加して)」などの表現を使っていることに留意して下さい。

例題 3：分類型

※다음 그림을 보고 교과목을 어떻게 나눌 수 있는지 200～300자
　로 쓰십시오. 30점

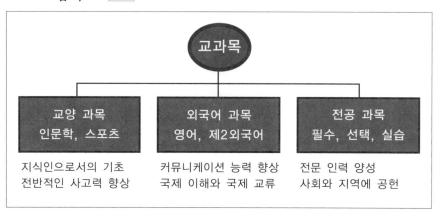

日本語の訳

※次の図を見て教科目をどのように分けることができるのかを200～300字で
　書いて下さい。30点

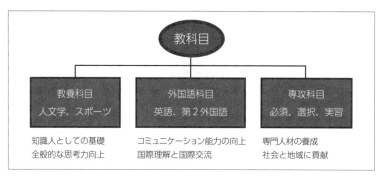

解　説

●分類とその特徴を書き出す

　　分類型は、メインのテーマをいくつかの項目に分けた後、項目ごとの特徴や
内容を簡単にまとめた2行～3行ほどの説明を付け足した形のものが問題文とし
て提示されます。分類型の書き方ですが、まず何が何に分類されるのかを書い
た後、それぞれの分類項目に書いてある特徴または内容を順に書いていくこと
になります。それではまず10点は取れる解答文から見て下さい。

●解答例① ── 10点は取れる解答文

> 교과목은 교양 과목, 외국어 과목, 전공 과목 등으로 나눌 수 있다. 첫째, 교양 과목에는 인문학과 스포츠가 있으며 지식인으로서의 기초와 전반적인 사고력 향상을 할 수 있다. 둘째, 외국어 과목에는 영어와 제2외국어가 있으며 커뮤니케이션 능력의 향상과 국제 이해, 국제 교류를 할 수 있다. 셋째, 전공과목은 필수와 선택, 실습이 있으며 전문 인력 양성과 사회와 지역에 공헌할 수 있다.
>
> 教科目は教養科目、外国語科目、専攻科目などに分けることができる。まず、教養科目には、人文学とスポーツがあり、知識人としての基礎と全般的な思考力を向上させることができる。第2に、外国語科目には、英語と第2外国語があり、コミュニケーション能力の向上と国際理解、国際交流をすることができる。第3に、専攻科目は必須と選択、実習があり、専門人材の養成と社会と地域に貢献をすることができる。

続けて15点以上獲得できる解答文を見て下さい。

●解答例② ── 15点以上を取れる解答文

> 교과목은 교양 과목, 외국어 과목, 전공 과목 등의 세 가지로 나눌 수 있다. 첫째, 교양 과목은 인문학과 스포츠 계통의 과목으로 나뉘며 지식인으로서의 기초와 전반적인 사고력 향상을 그 목표로 한다. 둘째, 외국어 과목은 영어와 제2외국어 과목으로 나뉘며 커뮤니케이션 능력의 향상과 국제 이해, 국제 교류 등을 목표로 한다. 셋째, 전공 과목은 필수 과목과 선택 과목, 실습 과목 등으로 나뉘며 전문 인력 양성과 사회와 지역에 공헌하는 인재를 기르는 것을 목표로 한다.

教科目は教養科目、外国語科目、専攻科目の３つに分けることができる。まず、教養科目は、人文学とスポーツ系の科目に分かれ、知識人としての基礎と全般的な思考力の向上をその目標とする。第2に、外国語科目は、英語と第2外国語科目に分かれ、コミュニケーション能力の向上と国際理解、国際交流などを目標とする。第3に、専門科目は、必修科目と選択科目、実習科目に分かれ、専門人材の養成と社会と地域に貢献する人材を育てることを目標とする。

● 韓国語、韓国への理解度が高い解答文

　２つを比較するとそんなに変わりません。異なるのは、分類項目の教養科目や外国語科目、専攻科目の下に書いてある内容についての書き方が違うだけです。つまり、解答例②は、その内容を教育目標として捉え、「목표로 한다」という書き方をしています。それが得点の違いを生むのです。もちろん丸写しだけでも10点以上は取れます。しかし3級合格で満足せずに、さらに上を目指すのであれば、このように、より正確な書き方をしなければなりません。この場合、本当にそれが教育目標なのかどうかは重要ではありません。それをそのように捉えて書くことによって、韓国語や韓国に対する理解力が全般的に高いと見なされ、加点されるのです。TOPIKの高い級が取れるということはそういうことを意味します。

　さて、分類型においては、次のような単語や表現を覚えるようにしましょう。

単語	특징 (特徴)、내용 (内容)、목표 (目標)、목적 (目的)
表現	그 특징으로서는 (その特徴としては) ~는 특징이 있다 (~という特徴がある) ~을/를 들 수 있는데 (~をあげることが出来るが)

例題 4 : 案内型

※다음은 국제대학교의 공고입니다. 공고를 보고 단기 유학생을 모집하는 글을 200~300자로 쓰십시오. 30점

2018년도 하기 중국 단기 유학생 모집

· 파견 대학 : 베이징 대학교
· 유학 기간 : 2018년 6월 25일~7월 20일
· 지원 자격 : 1학년~3학년 본교 재학생
· 모집 기간 : 2018년 3월 14일~3월 21일
· 준비 서류 : 신청서, 유학 계획서
· 접수처　　: 국제대학교 국제교류처
· 접수 방법 : 직접 또는 인터넷 접수 가능
· 문의 전화 : 02-123-4567

국제대학교 국제교류처

日本語の訳

※次は国際大学のお知らせです。お知らせを見て短期留学生を募集する文を200~300文字で書いて下さい。30点

2018年度夏期中国短期留学生募集

· 派遣大学 : 北京大学
· 留学期間 : 2018年6月25日～7月20日
· 応募資格 : 1年生～3年生の本校在学生
· 募集期間 : 2018年3月14日～3月21日
· 応募書類 : 申請書、留学計画書
· 受付　　　: 国際大学国際交流センター
· 受付方法 : 直接またはインターネット受付可能
· 問い合わせ先 : 02-123-4567

国際大学　国際交流センター

● 項目を順番通りに

　このような案内型の書き方ですが、タイトルから書き始めるのは今までと一緒です。次に、それぞれの項目を順番通りに書いていきます。では、まず10点〜15点が取れる書き方から見て下さい。

● 解答例① ── 10〜15点は取れる解答文

> 　국제대학교에서 2018년 하기 중국 단기 유학생을 모집합니다. 파견 대학은 베이징 대학교입니다. 그리고 유학 기간은 6월 25일에서 7월 20일까지입니다. 그리고 지원 자격은 국제대학교 1학년에서 3학년까지의 재학생입니다. 그리고 모집 기간은 3월 14일에서 3월 21일까지입니다. 그리고 준비 서류는 신청서와 유학 계획서입니다. 그리고 접수처는 국제대학교 국제교류처입니다. 그리고 접수 방법은 직접 또는 인터넷 접수입니다. 문의 전화는 02-123-4567입니다.

> 　国際大学で2018年度夏期中国短期留学生を募集します。派遣大学は北京大学です。そして留学期間は6月25日から7月20日までです。そして応募資格は、国際大学1年生から3年生までの在学生です。そして募集期間は3月14日から3月21日までです。そして応募書類は申請書と留学計画書です。そして受付は国際大学国際交流センターです。そして受付方法は、直接またはインターネット受付です。問い合わせ先は02-123-4567です。

　この解答は間違いではありませんが、あまりにも「그리고」を連発しているので印象としてはあまりよくなく、もしかしたら15点を取るのも難しいかもしれません。15点以上が見込めそうな解答は例えば次のようなものです。

●解答例② ── 15点以上が見込める解答文

> 국제대학교에서 2018년 하기 중국 단기 유학생을 모집합니다. 자세한 내용은 다음과 같습니다. 파견 대학은 베이징 대학교이며 유학 기간은 6월 25일에서 7월 20일까지입니다. 그리고 지원 자격은 국제대학교 1학년에서 3학년까지의 재학생이며 모집 기간은 3월 14일에서 3월 21일까지입니다. 신청서와 유학 계획서를 작성하여 국제대학교 국제교류처에 접수하면 됩니다. 접수는 직접 가서 할 수도 있고 인터넷으로도 가능합니다. 그 밖에 알고 싶은 것이 있으면 02-123-4567로 문의해 주시기 바랍니다.

> 国際大学で2018年夏期中国短期留学生を募集します。詳細については次のとおりです。派遣大学は北京大学で、留学期間は6月25日から7月20日までです。そして応募資格は、国際大学1年生から3年生までの在学生で、募集期間は3月14日から3月21日までです。申請書と留学計画書を作成し、国際大学国際交流センターに提出します。受付は直接行ってすることもインターネットですることも出来ます。その他の事項は02-123-4567にお問い合わせ下さい。

解答例①と違うのは下線の部分です。「그리고」のくり返しを避けて似たような機能を持つ「～이며/～이고」や「접수 방법」、「문의 전화」をストレートに言わずに他の言い回しを使っています。

案内型の問題には募集や新製品情報、コンサートや集会案内など様々なパターンがあり得ますが、解答例②で、「접수 방법(受付方法)」に対して「직접 가서 할 수도 있고 인터넷으로도 가능합니다」のような表現を使ったり、「문의 전화(問い合わせ先)」に対して、「궁금한 것이 있으면/알고 싶은 것이 있으면(知りたいことがあったら)」のように、箇条書きされている項目の丸写しを避けて1つや2つくらい別の表現を使うことによって、さらなる加点を期待することもできます。項目が複数あって長くなる場合にはその冒頭に「자세한 내용은 다음과 같습니다(詳細は次のとおりです)」のようなものを出だしに使うと好印象を与えることが出来ます。

73

51 番問題

52 番問題

53 番問題

54 番問題

例題５：流れ型

※다음 도표를 보고 연대별 해외 유학 선호지가 어떻게 달라졌는
 지 비교하여 그에 대한 자신의 생각을 200〜300자로 쓰십시오.
 30점

연대별 해외 유학 선호지의 변화

	1990년대	2000년대	2010년대
유학지	미국	일본	중국
인식	・뭐니 뭐니 해도 역시 미국 ・첨단학문을 배운다	・제품 만들기를 배운다 ・가까운 곳으로 유학 가고 싶다	・시대의 흐름 ・중국 전문가로 활약하고 싶다

日本語の訳

※以下の図表を見て年代別海外留学希望地がどのように変化してきたかを比較
 して、それに対する自分の考えを200〜300字で書いて下さい。30点

年代別海外留学希望地の変化

	1990年代	2000年代	2010年代
留学地	アメリカ	日本	中国
認識	・何といってもやはり アメリカ ・最先端の学問を学ぶ	・製品づくりを学ぶ ・近くに留学に行きた い	・時代の流れ ・中国の専門家として 活躍したい

解　説

●変化を捉える

　この流れ型問題の解答の書き方ですが、年代や時代によってどのような流れになっているのか、どのように変わっていったのかを書かせる問題ですから、まずは何が変わっていったのかを捉えます。変わっていったのは、考え方なのか、認識なのか、それぞれの時代の特徴なのか、流行なのか等々です。それらを順番に従って書いた後、最後に問題文のテーマに対してどのような変化があったのかを書きます。冒頭に問題文のテーマで出だしを書くのは今までと変わりません。

●解答例① ── 10～15点は取れる解答文

> 　연대별로 선호하는 해외 유학지가 바뀌고 있는 것으로 나타났다. 1990년대에는 미국을 가장 선호했다. 그것은 뭐니 뭐니 해도 미국이고 첨단 학문을 배울 수 있었기 때문이다. 그리고 2000년대에는 일본을 가장 선호했다. 그것은 제품 만들기를 배울 수 있고 가까운 곳에 유학 가기를 원했기 때문이다. 2010년대에는 중국을 가장 선호했다. 그것은 시대의 흐름이고 중국 전문가가 되기를 원했기 때문이다. 이와 같이 연대에 따라 선호하는 해외 유학지가 변화했다.
>
> 　年代別に好む海外留学地が変わっていることが分かった。1990年代には、アメリカを最も好んだ。それは何といってもアメリカであり、最先端の学問を学ぶことができたからだ。そして2000年代には、日本を最も好んだ。それは、製品づくりを学ぶことができ、近い所に留学に行くことを望んでいたからである。2010年代には中国を最も好んだ。それは時代の流れであり、中国の専門家になることを望んでいたからである。このように年代によって好む海外留学地が変化した。

　この解答文で15点は確実に取れると思います。留学地としてのアメリカ、日本、中国についての認識を理由として取り上げて書いているからです。では続けて解答例②を見て下さい。

● 解答例② —— 30点満点が取れる解答文

　　조사에 따르면 선호하는 해외 유학지가 연대에 따라 바뀌고 있는 것으로 나타났다. 1990년대에는 미국을 선호하는 사람이 가장 많았는데 그 이유는 뭐니 뭐니 해도 미국이라는 생각과 첨단 학문을 배울 수 있다는 생각이 있었기 때문이다. 한편 2000년대에는 유학지로 일본을 선호하는 사람이 가장 많았다. 그 이유는 일본의 제품 만들기를 배우고 싶다는 생각과 한국에서 가깝다는 이점이 있었기 때문이다. 반면 2010년대에 들어와서는 유학지로서 중국을 가장 선호했다. 그 이유는 그것이 시대의 흐름이라는 생각이 있었고 또 중국 전문가로서 활약하기를 원하는 사람들이 많았기 때문이다. 이것을 보면 연대별로 유학 가기를 원하는 나라가 다르게 나타남을 알 수 있다.

　　調査によると、行きたい海外留学地が年代によって変わっていることが分かった。1990年代にはアメリカを好む人が最も多かったが、その理由は、何といってもアメリカという考えと最先端の学問を学ぶことができるという考えがあったからである。一方、2000年代には、留学地として日本を好む人が最も多かった。その理由は、日本の製品づくりを勉強したいという思いと、韓国から近いという利点があったからだ。反面2010年代に入ってからは、留学先として中国を最も好んだ。その理由は、それが時代の流れであるという考え方があり、また、中国の専門家として活躍することを望む人たちが多かったからである。これを見ると、年代別に留学に行きたいと願う国が変わってきていることが分かる。

　　解答例①と違うのは、書き出しに「조사에 따르면(調査によると)」という導入文を入れたこと、「그 이유는(その理由は)」と、年代別にそれぞれの国が一番に選ばれている理由を明確に示していること、「이점(利点)」のような単語を入れていること、最後に「유학가기를 원하는 나라가 다르게 나타남(留学に行きたいと願う国が変わってきていること)」というふうに、言い回しを変えていることなどです。

流れ型で加点が期待される表現には、次のようなものがあります。

表現	한편 (一方)、반면 (에) (反面)、~에 들어 (서) (~に入り) 그러다가 (そういう流れの中で) 그러던 것이 (そういう流れだったのが)

例題６：スケジュール型

※이번 방학 때 일본을 여행하려고 합니다. 다음 도표를 참고하여 여행 일정과 내용을 200〜300자로 쓰십시오. 30점

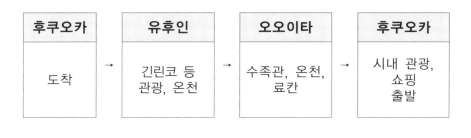

후쿠오카		유후인		오오이타		후쿠오카
도착	→	긴린코 등 관광, 온천	→	수족관, 온천, 료칸	→	시내 관광, 쇼핑 출발

日本語の訳

※今度の休みの時に日本を旅行しようとしています。次の図を参考にし、旅行の日程や内容を200〜300字で書いて下さい。30点

福岡		湯布院		大分		福岡
到着	→	金鱗湖などの 観光、温泉	→	水族館、温泉、 旅館	→	市内観光、 ショッピング 出発

●スケジュール全体から具体的に

　スケジュール型の問題文は、まず冒頭にどういう計画を立てているのかを書きます。それから具体的に日程や内容を書きます。最後のまとめにはどのような予定でいるのかをもう1回書きます。例えば次のような内容です。

●解答例①── 10点取れる解答文

　　이번 방학에는 후쿠오카, 유후인, 오오이타 등을 여행할 예정이다. 우선 후쿠오카에 도착하면 이동을 한다. 다음으로 유후인에서는 긴린코 등을 관광한다. 그리고 온천에 들어간다. 다음으로 오오이타에서는 수족관에 간다. 그리고 온천, 료칸에 간다. 끝으로 후쿠오카에서는 시내 관광과 쇼핑을 한다. 그리고 후쿠오카를 출발한다.

　今度の休みには福岡、湯布院、大分などを旅行する予定である。まず、福岡に到着したら移動をする。次に、湯布院では金鱗湖などを観光する。そして温泉に入る。次に、大分では水族館に行く。そして温泉、旅館に入る。最後に、福岡では市内観光やショッピングをする。そして、福岡を出発する。

　上の解答文は、間違いの内容は何もないのですが、もしかしたら10点を取るのがやっとかもしれません。というのも、字数が200字に及ばないからです。200〜300字で書く問題なので、指示通りにその範囲内に収めなければなりません。では、解答例②を見てみましょう。

● 解答例② ── 30点満点が取れる解答文

　이번 방학에는 일본의 후쿠오카와 유후인, 오오이타 등 <u>세 곳을 여행할 계획이다</u>. 먼저 <u>첫날</u> 후쿠오카에 도착하면 <u>바로 유후인으로 이동한다</u>. 그리고 <u>둘째 날</u>은 유후인에서 긴린코 등을 관광한 다음에 저녁에는 온천을 즐긴다. <u>셋째 날은 오오이타로 이동하여</u> 수족관을 본 <u>다음</u> 료칸에서 온천을 즐긴다. <u>마지막 날</u>은 후쿠오카에 돌아와 시내 관광을 하고 쇼핑을 <u>한 다음</u> 후쿠오카에서 출국한다. <u>이와 같이 이번 방학에는 일본의 규슈에 가서 세 곳을 여행하면서 즐길 계획이다</u>.

　今回の休みには、日本の福岡と湯布院、大分の3カ所を旅行する計画だ。まず初日福岡に到着したらすぐに湯布院に移動する。そして2日目は湯布院で金鱗湖などを観光した後に、夕方には温泉を楽しむ。3日目は大分に移動して水族館を見た後、旅館で温泉を楽しむ。最終日は、福岡に戻って市内観光をし、買い物をしてから福岡から出国する。このように、今回の休みには日本の九州に行って3カ所を旅しながら楽しむ計画だ。

　1つ目の解答文と違うところですが、「첫날（初日）」「둘째 날（2日目）」「셋째 날（3日目）」のように日付別に整理して書いていること、それから「〜ㄴ/은 다음（〜した後）」や「〜로/으로 이동하여（〜に移動して）」のように、それぞれのスケジュールを独立させるのではなく、つないで1日の流れにしていること、最後にしっかりとまとめを入れていることなどです。スケジュールですから、最後にもう1回まとめてみることは必要だと思います。

例題７：比較型

※다음 표를 보고 스마프폰의 좋은 점과 나쁜 점에 대해서 쓰고 스마트폰을 잘 사용하려면 어떻게 해야 하는지를 200~300자로 쓰십시오. 30점

스마트폰 사용의 장단점

스마트폰의 좋은 점	스마트폰의 나쁜 점
・언제 어디서나 사진을 찍을 수 있다. ・길을 찾을 때 편리하다	・사람들과의 대화가 부족해진다. ・게임에 빠질 수 있다.

日本語の訳

※次の表を見てスマートフォンのよいところと悪いところについて書き、スマートフォンを上手に使うためにはどうすればよいのかを200~300字で書いて下さい。30点

スマートフォン使用の長所と短所

スマートフォンのよいところ	スマートフォンの悪いところ
・いつでもどこでも写真を撮ることができる。 ・道を探すときに便利である。	・人との会話が不足になる。 ・ゲームに溺れることがある。

解　説

●長所短所などを比較する

　比較型の問題ですが、これには長所短所を比較して書かせるものもあれば、男女間の違いや交通機関の違いなどを書かせるものもあり、様々です。直近では、2017年に行われた試験でこの比較型の問題が出題されました。その内容は、「子どもは絶対産まなければならないのか」というテーマのアンケート形式の問

題で、その質問に男性は80%が、女性は67%が「はい」と答えています。一方「いいえ」と答えたのは男性が20%で、女性が33%でした。「いいえ」と答えた理由ですが、男性は1位が養育費、2位が自由な生活と答え、女性は1位が自由な生活、2位が仕事継続と答えています。それでは、国立国際教育院が模範解答として公開した解答文を見て下さい。

● 国立国際教育院による模範解答

> 결혼 문화 연구소에서 20대 이상 성인 남녀 3,000명을 대상으로 '아이를 꼭 낳아야 하는가'에 대해 조사하였다. 그 결과 '그렇다'라고 응답한 남자는 80%, 여자는 67%였고 '아니다'라고 응답한 남자는 20%, 여자는 33%였다. 이들이 '아니다'라고 응답한 이유에 대해 남자는 '양육비가 부담스러워서', 여자는 '자유로운 생활을 원해서'라고 응답한 경우가 가장 많았다. 이어 남자는 '자유로운 생활을 원해서', 여자는 '직장 생활을 유지하고 싶어서'라고 응답하였다.
>
> 結婚文化研究所で20代以上の成人男女3000人を対象に「子どもは必ず産まなければならないのか」について調査した。その結果、「はい」と答えた男性は80%、女性は67%で、「いいえ」と答えた男性は20%、女性は33%であった。彼らが「いいえ」と回答した理由に対して、男性は「養育費が負担で」、女性は「自由な生活がほしいので」と答えたケースが最も多かった。続いて男性は「自由な生活を求めて」、女性は「職場生活を続けたくて」と答えた。

　この模範解答文を見ると、今までの例題でも言い続けてきているように、単なる問題文の丸写しではなく、ある程度の長さまで文をつないで完結性のある文に仕上げていることが分かります。というのも、同じ形の文を短く繰り返して書くと、思考能力の高くない文に思われてしまい、その分、理解力に欠けると見なされ、高い得点が取れなくなるからです。もちろん過度に長い文もよくありませんが、やはり適度の長さを持つ文は、高い知的能力の賜物と見られる傾向があるのです。

　それでは、例題に戻り、まず低い得点の例を先に見ましょう。

스마트폰은 좋은 점과 나쁜 점이 있다. 스마트폰의 좋은 점은 언제 어디서나 사진을 찍을 수 있다. 그리고 길을 찾을 때 편리하다. 그러나 스마트폰의 나쁜 점은 사람들과의 대화가 부족해진다. 그리고 게임에 빠질 수 있다. 스마트폰을 잘 사용하기 위해서는 사람들과 대화를 해야 한다. 그리고 게임에 빠지지 말아야 한다. 스마트폰은 좋은 점도 있고 나쁜 점도 있다. 그래서 좋은 점을 잘 살려서 사용해야 한다.

スマートフォンは、よい点と悪い点がある。スマートフォンのよい点は、いつでもどこでも写真を撮ることができる。そして道を探す時に便利である。しかし、スマートフォンの悪い点は、人との対話が不足しがちになる。そしてゲームに溺れることがある。スマートフォンをよく使用するためには、人と対話をしなければならない。そしてゲームに溺れてはいけない。スマートフォンはよい点もあり、悪い点もある。だからよい点を上手に生かして使用しなければならない。

訳の日本語文を見ると、どこかぎこちなさを感じる文になっていると思います。それは、元の韓国語文がそのようになっているからです。つまり、文のレベルから言うと、決して上手な文の作りではありません。でも、間違ったことは言っていませんし、文法的におかしいところもないので、10点は取れると思います。ですから、まず内容が分からない、どんな単語を使えばよいのかが分からない、どんな言い回しの表現を使えばよいのかがまったく分からない、という時には、最初から10点〜15点狙いで、ほぼ丸写しに近い形で書くのも1つの方法です。次に、ほぼ満点が取れる書き方を見て下さい。

●解答例② ── 30点満点が取れる解答文

　스마트폰을 잘 사용하기 위해서는 좋은 점과 나쁜 점을 알아야 한다. 먼저 스마트폰은 언제 어디서나 쉽게 사진을 찍을 수 있고 또 길을 찾을 때 편리하다는 좋은 점이 있다. 그러나 그에 비해 스마트폰은 사람들과의 대화가 부족해질 뿐만 아니라 게임에 빠질 수도 있다는 나쁜 점도 있다. 따라서 스마트폰을 잘 사용하려면 사람들과 직접 대화를 많이 하도록 해야 하고 게임에 빠지지 않도록 조심해야 한다. 스마트폰은 좋은 점도 있지만 단점도 있으므로 스마트폰을 사용할 때는 나쁜 점에 주의하여 적절히 사용하는 태도가 필요하다.

　スマートフォンを上手に使用するためには、よい点と悪い点を知らなければいけない。まず、スマートフォンはいつでもどこでも簡単に写真を撮れるし、また道を探すときに便利というよい点がある。しかし、それに比べて、スマートフォンは、人との対話が不足しがちになるだけでなく、ゲームに溺れやすいという悪い点もある。したがって、スマートフォンを上手に使用するには、人と直接対話をよくするようにしなければならず、ゲームに溺れないように注意しなければならない。スマートフォンは、よい点もあるが、悪い点もあるので、スマートフォンを使うときは、悪い点に注意しながら上手に使用する態度が必要である。

　解答例②には、解答例①になかった表現がいくつか使われています。「〜고 또（〜し、また）」や「〜ㄹ/을 뿐만 아니라（〜だけでなく）」のような表現です。「〜는 좋은 점이 있다（〜というよい点がある）」のような言い回しも使われています。これらは、比較型問題の解答文を書く時に有効な手段となります。というのも、長所と短所、賛成と反対、男性の意見と女性の意見などの数が1つのみというケースはほとんどないからです。それぞれの意見の特徴を2つ出しておいて、それをどのように文として書き上げていくのかを評価したいと考えている出題者側の意図が伺えるところと言っていいと思います。

例題 8：仕様型

※다음은 생활 쓰레기 배출 방법을 나타낸 것입니다. 요일별 배출 생활 쓰레기의 종류와 그 내역을 200~300자로 쓰십시오. 30점

생활 쓰레기 배출 방법

요일	종류	내역
월	플라스틱류	페트병 등
화	종이류	박스, 신문, 책
수	캔/고철류	캔, 고철, 금속
목	스티로폼/비닐류	라면 봉지, 비닐, 과자 봉지

日本語の訳

※次は生活ごみの出し方を表したものです。曜日別に出す生活ごみ出しの種類とその内訳を200～300字で書いて下さい。 30点

生活ごみの出し方

曜日	種類	内訳
月	プラスチック類	ペットボトルなど
火	紙類	段ボール、新聞、本
水	カン/鉄スクラップ類	カン、鉄スクラップ、金属
木	発泡スチロール/ビニール類	ラーメンの袋、ビニール、お菓子の袋

● 全体像から具体的に

　仕様型問題の書き方ですが、まずは冒頭にいろいろなやり方、または複数の使用方法があるということを書きます。その次にそのやり方、または使用方法の具体的な内容を紹介していきます。それから最後に簡単なまとめを書きます。それでは、まず1つ目の解答文の例を見ましょう。

● 解答例① ── 10〜15点は手固く取れる解答文

> 　생활 쓰레기 배출 방법에는 여러 가지가 있다. 먼저 월요일에는 페트병 등의 플라스틱류를 배출한다. 그리고 화요일에는 박스와 신문, 책 등의 종이류를 배출한다. 그리고 수요일에는 캔, 고철, 금속 등의 캔/고철류를 배출한다. 그리고 목요일에는 라면 봉지, 비닐, 과자 봉지 등의 스티로폼/비닐류를 배출한다. 생활 쓰레기를 배출하는 방법은 여러 가지가 있지만 이와 같은 방법대로 하는 것이 좋다.
>
> 　生活ごみの出し方には、いろいろある。まず、月曜日には、ペットボトルなどのプラスチック類を出す。そして火曜日には、段ボールや新聞、書籍などの紙類を出す。そして水曜日にはカン、鉄スクラップ、金属などのカン／鉄スクラップ類を出す。そして木曜日にはラーメンの袋、ビニール、お菓子の袋などの発泡スチロール／ビニール類を出す。生活ごみを出す方法はいろいろあるが、このような方法でやるのが良い。

　「그리고」を多用している感はありますが、この内容で10点〜15点は手固いと思います。では、次の解答文を見て下さい。

●解答例② —— 30点満点が取れる解答文

요일별 생활 쓰레기 배출 방법은 다음과 같다. 먼저 월요일에는 페트병 등의 플라스틱류를 배출한다. 그리고 화요일에는 박스나 신문, 책 등의 종이류를 배출하고 수요일에는 캔이나 고철, 금속 등의 캔/고철류를 배출한다. 이어서 목요일에는 라면 봉지나 비닐, 과자 봉지 등의 스티로폼/비닐류를 배출한다. 생활 쓰레기는 요일별로 배출 방법이 정해져 있기 때문에 이를 잘 지켜서 배출해야 한다.

曜日別の生活ごみの出し方は、次の通りである。まず、月曜日には、ペットボトルなどのプラスチック類を出す。そして火曜日には段ボールや新聞、本などの紙類を出して、水曜日には、缶や鉄スクラップ、金属などの缶/鉄スクラップ類を出す。続いて木曜日にはラーメンの袋やビニール、お菓子の袋などの発泡スチロール/ビニール類を出す。生活ごみは曜日別に出し方が定められているので、これをよく守って出さなければいけない。

解答例①と比較してみるとそれほど変わりありません。違うのは、出だしの部分をより正確に書いているところと、木曜日の前につなぎの言葉を入れているところ、最後にごみの出し方をもう1回しっかり確認しているところなどです。でも、もしこのような書き方が出来たら無難に30点取れると思います。ですから、丸写しをしてもある程度の点数は取れますが、さらに上を目指すのであれば、より内容を正確に把握してその内容に合う書き方をする必要があります。その際に、事柄の真実と合っているかどうかは重要ではありません。書き方に筋が通っていればよいのです。これは語学の資格試験ですから、試験問題に書いてある内容が真実である必要はありません。試験問題の内容自体が場合によって真実ではない可能性があるわけですから、皆様が書く答えの文が真実を伝えなければならない理由はまったくありません。

쓰기

54番問題

　쓰기試験の配点は100点で時間は50分です。51番〜54番までを50分で完成させなければなりません。そうなると、時間配分を戦略的に考える必要があります。51番〜53番に時間をかけすぎて、気が付けば残り20分を切ってしまったという話は稀ではないからです。

　そこでですが、問題を解く順番を53番→51番→52番→54番にすることを皆様に提案したいと思います。53番は、書き方もある程度読めるため、53番を最初の10分以内に終わらせてしまえば、最終的に54番に多くの時間を割けるので、そちらの方が得策だと思います。53番に10分、51番と52番に10分、残りの30分を54番に使っていくというような配分です。点数の取りやすさから行くと、53番→54番→51番→52番だと思いますが、さすがに分量の多い54番を前半にやってしまうのはリスクが大きいので、先に51番、52番を解き、それから残った時間を54番に回すやり方が安心して取り組めると思います。そこでもしも思いの外、すんなりと54番問題が書けた場合には、52番に戻ってもう1回しっかり見直しをするというようなやり方でいいのではないかと思います。

　54番問題は、まずテーマの背景を説明する問題提起文が3、4行続いた後、その問題提起文を踏まえて自分の意見を書きやすいようにガイドラインのような役割をしてくれる質問が2つないし3つ続きます。解答は、まず問題提起文の内容を踏まえた上で、続けて出てくる2つないし3つの質問にしっかり答えるような形で書いていくことになります。配点は50点ですが、実は採点基準が公式に公開されており、次のような内容になっています。

① 内容が主題と関連し、豊富で多様なものになっているか。

② 文の構成が論理的で組織的か。

③ 語彙や文法は適切かつ多様に使われているか。

　この3つを基準にして50点を配分していくわけですから、問題文に書いてあるものをそのまま丸写ししないことを前提の上で言うと、その文のレベルや語彙・文法のレベルはさておき、取り敢えず問題のテーマに沿った内容になっており、また質問に多少なりとも沿った内容になっていれば、10点くらいは取れ

87

ます。ですから、まったく分からないテーマでも、あきらめず、問題文と質問に少し修正を加え、何でもいいから書き残すことです。3級合格の目安として、54番問題の得点を8点に設定していることを忘れないで下さい。

　テーマですが、ほとんどが比較的に身近なものです。過去には、「コミュニケーションの重要性とその方法」「人を誉めることについてあなたはどう思いますか」「歴史を知ることの重要性」「現代社会で必要とする人材」「動機づけが仕事に及ぼす影響」のようなものが出題されていました。少し考えれば、10行くらいは書けるのではと思えるテーマです。

　作文の量は、600〜700字です。相当な量に見えますが、量ばかり気にすると、設計にばかり時間を費やしてしまい、結局あまり書けなくなってしまいます。テーマを把握し、大体の書く内容を考える時間は、なるべく5分前後に抑えて下さい。書き始めてしまえばそれにつられて頭から次に書きたい内容が出てくることもありますので、まずは、問題のテーマを把握し問題文と質問を上手に使って導入部を書いていくことです。導入部が書けたら、次の展開部は質問を活用し、その質問に答えるような形で書いて行きます。質問に対して2つ以上の文を書けば最低限の要件は満たされると思います。それから、最後にまとめの文を書きます。まとめの文は、繰り返しでもかまいませんので、最も書きたい内容を決めてそれをちょっと変えた形で書きます。それでは、公開されている過去問を使って書き方を検証してみることにしましょう。

　まず、過去問を1つ紹介します。作文のテーマは、「私たちは生きている中でお互いの考え方の違いで葛藤を覚えることが多い。このような葛藤はコミュニケーションの不足で生じることがほとんどだ。コミュニケーションはお互いの関係を維持し、発展させるのに重要な要因となる。'コミュニケーションの重要性と方法'について下の内容を中心に自分の考えを述べなさい。」というもので、「コミュニケーションはなぜ重要なのか、コミュニケーションがうまく捗らない理由は何か、コミュニケーションを円滑にする方法は何か」の3つの質問がそのテーマについています。では、まずこの問題の模範解答として公開されている文章を先に見てみましょう。

　어떤 일을 다른 사람들과 함께 계획하고 추진하기 위해서는 그 사람들과의 원활한 인간관계가 필요하다. 다만 인간관계를 원활하게 하는 데에는 많은 대화가 요구되며 이 과정에서 의사소통 능력이 중요한 역할을 한다. 일반적으로 의사소통은 타인과의 소통의 시작이어서 의사소통이 제대로 이루어지지 않는 경우 오해가 생기고 불신이 생기며 경우에 따라서는 분쟁으로까지 이어질 수 있게 된다.

　그런데 이러한 의사소통이 항상 원활히 이루어지는 것은 아니다. 사람들은 서로 다른 생활 환경과 경험을 가지고 있고 이는 사고방식의 차이로 이어지게 된다. 이러한 차이들이 의사소통을 어렵게 함과 동시에 새로운 갈등을 야기하기도 한다.

　따라서 원활한 의사소통을 위한 적극적인 노력이 필요하다. 우선 상대를 배려하는 입장에서 말을 하는 자세가 필요하다. 나의 말이 상대를 불편하게 만드는 것은 아닌지 항상 생각하며 이야기하여야 한다. 다음으로 다른 사람의 말을 잘 듣는 자세가 필요하다. 마음을 열고 다른 사람의 이야기를 듣는 것은 상대를 이해하는 데 꼭 필요하기 때문이다. 마지막으로 서로의 입장에서 현상을 바라보는 자세가 필요하다. 이는 서로가 가질 수 있는 편견과 오해를 해결할 수 있는 역할을 하기 때문이다.

何かを他の人と一緒に計画して推進するためには、その人々との円滑な人間関係が必要である。ただ人間関係を円滑にするには、たくさんの会話が必要とされ、この過程でコミュニケーション能力が重要な役割を果たしている。一般的に、コミュニケーション（意思疎通）は他人との疎通の始まりなので、コミュニケーションが正常に行われない場合は、誤解が生じ、不信が生じ、場合によっては、紛争にまでつながることがある。

ところが、このようなコミュニケーションが常に円滑に行われるわけではない。人々は、互いに異なる生活環境や経験を持っており、これは考え方の違いにつながることになる。これらの違いがコミュニケーションを困難にするとともに、新たな葛藤を引き起こすこともある。

したがって円滑なコミュニケーションのための積極的な努力が必要である。まず相手を配慮する立場で話をする姿勢が必要である。自分の言葉が相手を不快にさせるのではないか、常に考えながら話をしなければならない。次に、他の人の話をよく聞く姿勢が必要である。心を開いて、他の人の話を聞くことは相手を理解するために必ず必要だからである。最後に、お互いの立場から現状を眺める姿勢が必要である。これは、お互いが持ち得る偏見と誤解を解決する役割をするからである。

書いてある内容を見ると、なるほどという書き方ではありますが、外国人の韓国語学習者がこのように書けるかは疑問です。問題文の内容をそのまま引用している部分はあまりないからです。模範解答として主催側が公開しているものなので、これと似たような内容で書けたら満点が取れるということですが、あくまでも数ある解答文の中の一例に過ぎません。600字〜700字の量の作文をして、それが同じ内容になることはあり得ないからです。

では、最低の目標である8点をクリアするためにはどうすればよいのでしょうか。問題文を改めて紹介します。「우리는 살면서 서로의 생각이 달라 갈등을 겪는 경우가 많다. 이러한 갈등은 의사소통이 부족해서 생기는 경우가 대부분이다. 의사소통은 서로의 관계를 유지하고 발전시키는 데 중요한 요인이 된다. '의사소통의 중요성과 방법'에 대해 아래의 내용을 중심으로 자신의 생각을 쓰십시오」。問題文の中で言っている「아래의 내용」ですが、問題文の下に続けて提示される「의사소통은 왜 중요한가? 의사소통이 잘 이루어지지 않는 이유는 무엇인가? 의사소통을 원활하게 하는 방법은 무

えがか?」の3つの質問のことです。問題提起文と質問を上手く絡めるだけでも10点以上は取れますので、まずはその通り書いてみることにしたいと思います。1つ目の質問が「コミュニケーションはなぜ重要なのか」という内容でした。問題提起文が長い場合には、その内容に何かヒントになりそうなものはないかをまず探してみることです。ちょうど問題文の2行目から3行目にかけて「コミュニケーションはお互いの関係を維持し、発展させるのに重要な要因となる」と書いてあります。裏返せば、「コミュニケーションがうまく行かないとお互いの関係が維持できなくなり、発展もさせられなくなるということだから、これはコミュニケーションの重要性を語っている」と捉えてもおかしくありません。まずそれを書けばよいのです。ただ、その前に書き出しの文を書かなければいけないので、問題文の最初の2つの文に少し手を加えて冒頭に加えます。

●解答例①── 1つ目の質問に答える

> 우리는 살면서 서로 생각이 달라서 갈등을 겪을 때가 많다. 그 이유는 의사소통이 서로 부족하기 때문이다. 그러면 의사소통은 왜 우리한테 중요한가?
> 먼저 첫 번째는 의사소통이 부족하면 서로의 관계를 유지할 수 없게 되고 또 서로의 관계를 발전시킬 수도 없게 되기 때문이다.

> 私たちは生きていて互いに考え方が違うために葛藤を経験することが多い。その理由は、コミュニケーションが互いに不足するからである。では、コミュニケーションはなぜ私たちにとって重要なのだろうか。
> まず1つ目は、コミュニケーションが不足すると、お互いの関係が維持できなくなり、またお互いの関係を発展させることもできなくなるからである。

　質問の1つ目に答えましたから、次に2番目の質問にいきます。コミュニケーションが上手くはかられない理由は何かという内容ですから、それも問題提起文にある「이러한 갈등은 의사소통이 부족해서 생기는 경우가 대부분이다（このような葛藤はコミュニケーションの不足から生じることがほとんどだ）」を活用し、次のような書き方をします。

●解答例②──2つ目の質問に答える

> (먼저 첫 번째는 의사소통이 부족하면 서로의 관계를 유지할 수 없게 되고 또 서로의 관계를 발전시킬 수도 없게 되기 때문이다.) 그렇다면 두 번째로 의사소통이 잘 이루어지지 않는 이유는 무엇일까? 그 이유는 생각이 다르면 갈등이 생기고 갈등이 생기면 서로 의사소통을 하고 싶지 않게 되기 때문이다.
>
> では、2つ目に、コミュニケーションがうまく行われない理由は何だろうか。その理由は、考えが異なれば葛藤が生じ、葛藤が生じればお互いにコミュニケーションを取りたくなくなるからである。

同じ内容を繰り返して書いているように見えるかもしれませんが、間違いとも言えないので、減点はされても、無得点にはなりません。そして、最後の質問に対する答えとまとめを書いていきます。

●解答例③──3つ目の質問に答える

> 이러한 의사소통을 원활하게 하는 방법으로서는 갈등을 없애고 좀 더 적극적인 의사소통을 하는 방법을 생각해 볼 수 있다.
>
> このようなコミュニケーションを円滑にする方法としては、葛藤をなくしもっと積極的なコミュニケーションを取る方法を考えてみることができる。

これで大体400字弱になったと思いますが、50点中10点は取れると思います。ご覧の通り、オリジナルの考えはほとんど入っていません。上手く問題文に書いてある内容をアレンジして書いただけです。このような書き方であれば、ある程度書き残すことは可能だと思います。次は最低でも20点は取れると思われる解答文の例です。

　살면서 다른 사람들과 갈등을 겪는 경우가 있다. 그렇지 않을 때도 있지만 그 갈등의 대부분은 의사소통이 부족해서 생기는 경우가 대부분이다. 그리고 서로의 생각을 인정하지 않기 때문에 생기는 경우가 많다.

　그러면 다른 사람들과의 의사소통은 왜 중요한가? 그 이유는 의사소통이 잘 되지 않으면 서로의 관계를 유지하거나 발전을 시킬 수 없게 되기 때문이다. 서로의 관계를 유지하거나 발전을 시킬 수 없게 되면 우리가 혼자 살 수는 없기 때문에 많은 어려움을 겪게 된다. 또한 갈등을 해결하지 않고 의사소통을 하지 않으면 결과적으로 의사소통이 잘 이루어지지 않게 된다.

　그러므로 서로 간의 갈등을 없애고 의사소통을 원활하게 하려면 좀 더 적극적으로 의사소통을 하기 위해 노력해야 한다. 그리고 서로의 생각이 다른 것을 인정해야 한다. 그렇게 함으로써 서로간의 갈등을 줄이고 의사소통을 잘할 수 있게 된다. 그렇게 함으로써 서로의 관계를 유지하고 발전시킬 수 있게 된다.

　生きていて、他の人との葛藤を経験することがある。そうでない時もあるが、その葛藤の多くは、コミュニケーション不足で生じる場合がほとんどである。そして、お互いの考えを認めていないために生じる場合が多い。

　では、他の人とのコミュニケーションはなぜ重要なのだろうか。その理由は、コミュニケーションがうまくいかないと、お互いの関係を維持したり、発展をさせることができなくなるからである。お互いの関係を維持したり発展をさせることができなくなると、私たちは一人で生きることはできないため、多くの困難を経験することになる。また、葛藤を解決せず、コミュニケーションを取らないと、結果的にコミュニケーションがうまくいかなくなる。

> したがって、お互いの間の葛藤をなくし、コミュニケーションを円滑にするには、もっと積極的にコミュニケーションを取るために努力をしなければならない。そしてお互いの考えが異なることを認めなければならない。そうすることで、お互いの間の葛藤を減らしコミュニケーションをよくすることができるようになる。そうすることで、お互いの関係を維持し、発展させることができるようになる。

これで500字は超えていますので、最低20点は取れると思います。3級を取るために8点、4級で10点、5級で15点、6級で20点を目標にした場合、充分な得点になります。でも、解答者のオリジナルの部分は下線部分くらいで、後は問題文に書かれているものを活用しただけです。

もう1つ過去問の例を見ましょう。この過去問のテーマは「'칭찬은 고래도 춤추게 한다'는 말처럼 칭찬에는 강한 힘이 있습니다. 그러나 칭찬이 항상 긍정적인 영향을 주는 것은 아닙니다. 아래의 내용을 중심으로 칭찬에 대한 자신의 생각을 쓰십시오(褒められたらクジラも踊るという言葉があるように、褒めることには強い影響力があります。しかし褒めることが常に肯定的な影響ばかりを与えるわけではありません。下の内容を中心に褒めることに対する自分の考えを書いて下さい)」で、それに続き「칭찬이 미치는 긍정적인 영향은 무엇입니까? 부정적인 영향은 무엇입니까? 효과적인 칭찬의 방법은 무엇입니까?(褒めることの肯定的な影響は何でしょうか、否定的な影響は何でしょうか、効果的な褒め方は何でしょうか)」の3つの質問がついている問題です。この問題文の模範解答としては次のようなものが公開されています。

● 模範解答

> 우리는 칭찬을 들으면 일을 더 잘하고 싶어질 뿐만 아니라 좀 더 나은 사람이 되고 싶은 마음이 든다. 그리고 자신감이 생겨 공부나 일의 성과에도 긍정적인 영향을 미친다. 그래서 자신이 가진 능력 이상을 발휘하고 싶어지는 도전 정신이 생기기도 하는 것이다. 한마디로 말해 칭찬은 사람을 한 단계 더 발전시키는 힘을 가지고 있다.

그런데 이러한 칭찬이 독이 되는 경우가 있다. 바로 칭찬이 상대에게 기쁨을 주는 것이 아니라 부담을 안겨 주는 경우이다. 칭찬을 들으면 그 기대에 부응해야 한다는 압박감 때문에 자신의 실력을 제대로 발휘하지 못하게 되는 일이 생기게 된다. 칭찬의 또 다른 부정적인 면은 칭찬받고 싶다는 생각에 결과만을 중시하게 되는 점이다. 일반적으로 칭찬이 일의 과정보다 결과에 중점을 두고 행해지는 경우가 많기 때문이다.

그래서 우리가 상대를 칭찬할 때에는 그 사람이 해낸 일의 결과가 아닌, 그 일을 해내기까지의 과정과 노력에 초점을 맞추는 일이 중요하다. 그래야 칭찬을 듣는 사람도 일 그 자체를 즐길 수 있다. 또한 칭찬을 듣고 잘 해내야 한다는 부담에서도 벗어날 수 있을 것이다. 우리는 보통 칭찬을 많이 해 주는 것이 중요하다고 생각하는데 칭찬은 그 방법 역시 중요하다는 것을 잊지 말아야 할 것이다.

私たちは、褒められるともっと頑張りたくなるだけでなく、より良い人になりたいという気持ちになる。そして自信が芽生え、勉強や仕事の成果にも肯定的な影響を与える。だから、自分が持っている能力以上を発揮したくなるチャレンジ精神が生じることもある。一言で言って褒めることは人を一段階発展させる力を持っているのである。

ところで、このように人を褒めることが毒になることがある。すなわち褒めることが相手に喜びを与えるのではなく負担を与える場合である。褒められたらその期待に応えなければならないプレッシャーのため、自分の実力を正しく発揮できなくなることがある。褒めることのもう一つの否定的な面は、褒められたいと思うあまり、結果だけを重視するようになる点である。一般的に、褒めることが仕事のプロセスよりも結果に重点を置いて褒めることが多いからである。

だから、私たちが相手を褒める時には、その人が出した結果ではなく、その仕事をこなすまでの過程と努力に焦点を合わせることが重要である。そうしてこそ褒められる人も仕事そのものを楽しむことができる。また、褒められてやり遂げねばならないというプレッシャーからも逃れられる。私たちは普通たくさん褒めることが大事だと思うのだが、褒め方もまた重要であることを忘れてはならない。

　　この模範解答のような文を書くのは、まず無理かもしれません。1つ目の過去問のように、ヒントになりそうなものが問題文にはなく、模範解答はほぼすべてが創作だからです。しかしテーマ自体がそんなに難しいテーマではないことと、問題文についている質問が、「褒めることの肯定的な影響、否定的な影響、それを踏まえた上での上手な褒め方」のように、比較的書きやすい内容になっていることを考えると、何とか20点取れる解答文を書けるところまで漕ぎつけられるのではないかと思います。例えば次のような文です。

●解答例⑤── 20点以上確実に取れる解答文

　　고래는 야생 동물이다. 따라서 칭찬을 들어도 알아들을 수가 없다. 그런 고래가 칭찬을 들으면 춤을 춘다는 것은 그만큼 칭찬에 강한 힘이 있다는 뜻이다.
　　칭찬은 당연히 긍정적인 영향을 미친다. 칭찬을 듣고 싫어하는 사람은 아무도 없다. 칭찬을 듣고 기분이 나쁜 사람도 없다. 칭찬을 들으면 기분이 좋아진다. 더 열심히 하고 싶어진다. 칭찬을 또 듣고 싶어진다. 칭찬하는 사람이 좋아진다. 칭찬을 잘 해 주는 부모와 그렇지 않은 부모가 있다면 어떤 부모가 좋을까? 칭찬을 안 해 주는 부모가 좋다고 할 사람은 아무도 없다.
　　반면에 칭찬의 부정적인 영향은 별로 없다. 칭찬을 받아서 나쁜 영향을 받을 사람은 없다. 어릴 때 부모한테 칭찬을 많이 받았는데 어른이 돼서 나쁜 길로 갈 사람은 별로 없다.

　그렇다면 효과적인 칭찬의 방법은 무엇일까? 고래는 춤을 출 줄 모른다. 그런 고래가 칭찬을 들으면 춤을 춘다. 그와 같이 더 잘할 수 있는 방법으로 칭찬을 해야 한다. 잘하는 것은 더욱 잘하고 못하는 것도 잘하게 할 수 있는 방법으로 칭찬을 해야 한다. 그것이 효과적인 칭찬의 방법이다.

　クジラは野生動物である。したがって褒められたとしてもそれが理解できない。そんなクジラが褒められたらダンスを踊るということは、それだけ褒めることに強い力があるという意味だ。

　褒めることは当然肯定的な影響を与える。褒められて嫌な人は誰もいない。褒められて不愉快になる人もいない。褒められると気分が良くなる。もっと頑張りたくなる。また褒められたくなる。褒めてくれる人が好きになる。よく褒める親とそうでない親がいるとしたら、どちらの親がよいだろうか。褒めてくれない親がよいという人は誰もいない。

　反面、褒めることの悪い影響はあまりない。褒められて悪い影響を受ける人はいない。幼いときに親にたくさん褒められた人が大人になって悪い道に行く人はあまりいない。

　では、効果的な褒め方は何だろうか。クジラは踊ることは出来ない。そんなクジラが褒められると踊る。そのように、上手にできるように褒めなければならない。上手に出来ることはさらによく出来るように、出来ていないこともよく出来るようにさせられる方法で褒めなければならない。それが効果的な褒め方である。

　500字は超えており、間違った内容ではないので、20点以上は確実に取れると思います。20点以上取れたら3級以上の合格がかなり現実化します。3級合格の目安が8点ですから、上の文にどのくらい近づけるかで4級～6級が決まってくるのではないでしょうか。

　ここでぜひ注意して頂きたいのですが、解答例⑤は、難しい言葉はほとんど使っていません。実は、先ほど紹介した模範解答文にも、高難度の言葉はあまり使われていません。ですから、必要以上に難しい言葉や表現を使おうとせず、簡単かつ平易な言葉で、分かりやすく、筋が通るように書いていく、これを心がけることがより確実に点数が取れる近道だと思います。

●54番問題で覚えておきたい表現

　最後に、54番問題を解く時に有効に使える言葉、表現を紹介しましょう。

「그렇다면 (それならば、では)」「그러므로 (だから、したがって)」
「반면에 (反面)」「한편 (一方)」「이에 대해 (これに対して)」「예를 들어 (例えば)」「따라서 (したがって)」「그렇게 함으로써 (そうすることによって)」「왜냐하면 (なぜかというと、というのは)」「물론 (もちろん)」
「그 이유는 ～기 때문이다」⇒「その理由は～からである」
「왜냐하면 ～기 때문이다」⇒「というのは～からである」
「좀 더 자세하게 (이에 대해) 살펴보면 다음과 같다」⇒「もう少し詳しく (これについて) 見ると次の通りである」
「요약하자면 다음과 같다」⇒「要約すると次の通りである」
「～아/어야 할 것이다」⇒「～しなければならないだろう」
「～기 위해서는 ～아/어야 된다 (한다)」⇒「～のためには (～するためには) ～しなければいけない」
「그렇게 함으로써 ～게 된다」⇒「そうすることによって～になる (～するようになる)」
「그렇게 함으로써 ～ㄹ/을 수 있다 (있게 된다)」⇒「そうすることによって～が出来る (出来るようになる)」

TOPIK II

練習
問題

네 번째 모음

쓰기

I 쓰기 51번 ~ 52번

〈問題 1〉

※ 다음을 읽고 (ㄱ)과 (ㄴ)에 들어갈 말을 각각 한 문장으로 쓰십시오. 각 10점

51.

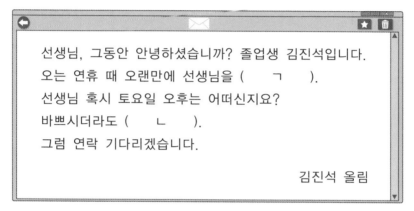

선생님, 그동안 안녕하셨습니까? 졸업생 김진석입니다.
오는 연휴 때 오랜만에 선생님을 (ㄱ).
선생님 혹시 토요일 오후는 어떠신지요?
바쁘시더라도 (ㄴ).
그럼 연락 기다리겠습니다.

김진석 올림

52.

대장 속에는 박테리아라고 하는 아주 작은 미생물이 있다. 이 박테리아는 사람이 섭취하는 (ㄱ). 박테리아는 음식물의 찌꺼기를 분해할 때 소화 효소를 사용하는데 이때 인돌, 스카톨, 메르캅탄 등과 같은 물질이 발생한다. 사람의 대변에서 냄새가 나는 이유는 바로 (ㄴ).

日本語の訳

※次を読んで (ㄱ) と (ㄴ) に入る表現をそれぞれ1文で書いて下さい。 各10点

51.

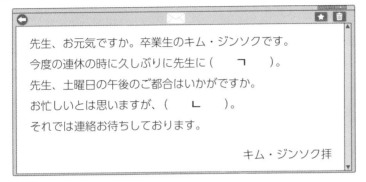

先生、お元気ですか。卒業生のキム・ジンソクです。
今度の連休の時に久しぶりに先生に（　ㄱ　）。
先生、土曜日の午後のご都合はいかがですか。
お忙しいとは思いますが、（　ㄴ　）。
それでは連絡お待ちしております。

キム・ジンソク拝

52.

大腸の中にはバクテリアと呼ばれる非常に小さな微生物がいる。このバクテリアは人が摂取する（　ㄱ　）。バクテリアは食べ物のかすを分解する時に消化酵素を使用するのだが、この時にインドール、スカトール、メルカプタンなどの物質が発生する。人の大便が臭い理由はまさに（　ㄴ　）。

解説

51. 卒業生が久しぶりに先生に連絡をし、「今度の連休の時に久しぶりに先生に〜」と言えば、お会いしたいというような内容が続くのが普通だと思います。(ㄱ) には「찾아뵙고 싶은데요/찾아뵙고 싶습니다만 (お会いしたいのですが)」のような文が適切です。「뵙다」と「찾아뵙다」との違いですが、遠方から目上の人に会いに行く時には「찾아뵙다」という言い方をします。(ㄴ) には、「お忙しいとは思いますが」という表現が前にあるので、「꼭 시간을 내 주시면 감사하겠습니다 (ぜひお時間を作って頂けるとありがたいです)/꼭 시간을 내 주십시오 (ぜひお時間を作って下さい)」のような文が適切かと思います。

52. (ㄱ) には「음식물의 찌꺼기가 먹이이다 (食べ物のかすが餌だ)」、(ㄴ) には「이 인돌, 스카톨, 메르캅탄 때문이다 (このインドール、スカトール、メ

101

ルカプタンのためである)」のような文がよいと思います。（ㄱ）は、「먹이 (餌)」
という言葉が書けるかがポイントですが、3行目に出てくる「음식물의 찌꺼기
를 분해할 때」を踏まえると、「음식물의 찌꺼기」が書かれていればいいので、
必ずしも먹이を使わなくても「음식물의 찌꺼기를 먹는다」でもいいと思いま
す。

●●

〈問題２〉

※다음을 읽고 (ㄱ)과 (ㄴ)에 들어갈 말을 각각 한 문장으로 쓰십
시오. 각 10점

51.

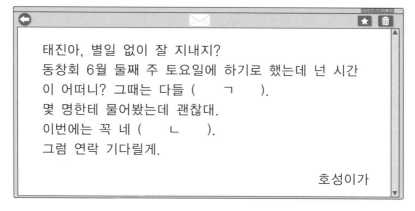

태진아, 별일 없이 잘 지내지?
동창회 6월 둘째 주 토요일에 하기로 했는데 넌 시간
이 어떠니? 그때는 다들 (ㄱ).
몇 명한테 물어봤는데 괜찮대.
이번에는 꼭 네 (ㄴ).
그럼 연락 기다릴게.

호성이가

52.

　　기압은 공기의 무게에 의한 압력을 가리키는데 다른 말
로 하면 공기의 양이라고 할 수도 있다. 그러니까 저기압은
기압이 낮으니까 (ㄱ) 고기압은 기압이 높으니까
(ㄴ). 저기압은 상승 기류 때 생기기 때문에 결과적
으로 저기압 상태가 되면 구름이 발생하게 된다.

日本語の訳

※次を読んで (ㄱ) と (ㄴ) に入る表現をそれぞれ1文で書いて下さい。 各10点

51.

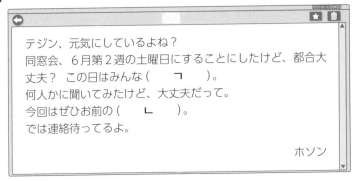

テジン、元気にしているよね？
同窓会、6月第2週の土曜日にすることにしたけど、都合大丈夫？ この日はみんな（　ㄱ　）。
何人かに聞いてみたけど、大丈夫だって。
今回はぜひお前の（　ㄴ　）。
では連絡待ってるよ。

ホソン

52.

　気圧は空気の重さによる圧力を指す。言い換えると、空気の量と言うこともできる。だから低気圧は、気圧が低いので（　ㄱ　）、高気圧は気圧が高いから（　ㄴ　）。低気圧は上昇気流のときに発生するので、結果的に低気圧状態になると、雲が発生することになる。

解説

51.　(ㄱ) には「시간이 날 것 같아서 (都合がつくようで)」、(ㄴ) には「얼굴 좀 봤으면 좋겠다 (顔見られたら嬉しい)」が適切かと思います。

　　(ㄱ) ですが、冒頭で6月2週目の土曜日に同窓会が決まった内容をテジンに伝えていて、その日付は自分で決めたものではなく、皆の総意によるものだということをさりげなく強調しているので、(ㄱ) には、皆の都合が何とかつくということを入れる必要があります。「시간이 나다 (都合がつく)」は、時間的に余裕があって何かをやろうと思えば出来るというような時に使います。他には「동창회에 참석할 수 있대 (同窓会に出られるって) / 동창회에 나온대 (同窓会に出て来るって)」でもかまいません。

　　(ㄴ) ですが、会いたいという内容を入れればいいということは分かると思いますが、「네」があるので、こういう場合には、「얼굴을 보다」という表現を使うのが望ましいです。

52. (ㄱ)には「공기의 양이 적다는 것이고(空気の量が少ないということであり)」、(ㄴ)には「공기의 양이 많다는 이야기가 된다(空気の量が多いという話になる)」が適切と思われます。

　まず(ㄱ)ですが、冒頭で気圧についての説明があり、気圧は空気の重さによる圧力を指すが、空気の量とも言えると言っているので、(ㄱ)には低気圧のことを、(ㄴ)には高気圧のことを書けばよいということが分かります。低気圧や高気圧と空気の量との相関関係ですが、専門知識がなくても、低気圧は気圧が低いから、何となく空気の量が少ない方で、高気圧は気圧が高いから何となく空気の量が多い方だと考えてしまえば上記のような解答文が書けます。

• •

〈問題3〉
※다음을 읽고 (ㄱ)과 (ㄴ)에 들어갈 말을 각각 한 문장으로 쓰십시오. 각 10점

51.

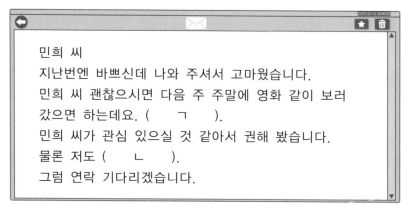

민희 씨
지난번엔 바쁘신데 나와 주셔서 고마웠습니다.
민희 씨 괜찮으시면 다음 주 주말에 영화 같이 보러 갔으면 하는데요. (　ㄱ　).
민희 씨가 관심 있으실 것 같아서 권해 봤습니다.
물론 저도 (　ㄴ　).
그럼 연락 기다리겠습니다.

52.

바닷물이 짠 것은 물론 바닷물 속에 (　　ㄱ　　). 소금은 본래 바위 속에 포함된 성분 중의 하나이다. 육지에 내린 비가 강을 이루고 그것이 오랜 세월 바위를 깎아 가면서 바다로 흘러들어 가는 과정 속에서 바위 속의 (　　ㄴ　　). 이 작업을 지구는 무려 40억 년을 계속하고 있다.

日本語の訳

※次を読んで（ㄱ）と（ㄴ）に入る表現をそれぞれ1文で書いて下さい。各10点

51.

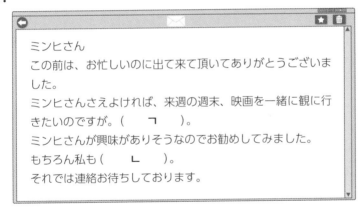

ミンヒさん
この前は、お忙しいのに出て来て頂いてありがとうございました。
ミンヒさんさえよければ、来週の週末、映画を一緒に観に行きたいのですが。（　　ㄱ　　）。
ミンヒさんが興味がありそうなのでお勧めしてみました。
もちろん私も（　　ㄴ　　）。
それでは連絡お待ちしております。

52.

　海水がしょっぱいのはもちろん海水の中に（　　ㄱ　　）。塩は、本来岩の中に含まれている成分の1つだ。陸地に降った雨が川を作り、それが長い年月をかけて、岩を削りながら、海に流れ込む過程で、岩の中の（　　ㄴ　　）。この作業を地球はなんと40億年も続けている。

---

51. (ㄱ)には「시간 괜찮으신지요?(お時間、大丈夫でしょうか)、같이 안 가시겠어요?(一緒に行きませんか)」のような文が、(ㄴ)には「관심이 있습니다(興味があります)」のような文が適切と思われます。

　　まず(ㄱ)ですが、答え方としては少し幅があるかもしれません。解答文としては、「時間はありますか」「一緒に行きませんか」のような内容になっていれば正解になると思います。

　　次に(ㄴ)ですが、その上の行で、多分興味を感じられると思うのでと言っており、その次にもちろん私もと続けているので、同じ内容を書けばよいということになります。

52. (ㄱ)には「소금이 녹아 있기 때문이다(塩が溶けているからだ)」、(ㄴ)には「소금을 바다로 운반하게 되는 것이다(塩を海に運ぶのである)」が適切かと思われます。

　　まず(ㄱ)ですが、次の行にすぐに「소금」に対する説明がなされているので、(ㄱ)には「소금」のことを書く必要があり、そうなると「海水の中に塩」という句になるので、その後に現れる表現としては、「塩が溶け込んでいるからだ／塩が含まれているからだ」などのようなものが来るのが自然と思われます。上記の解答文以外に、「소금이 포함되어 있기 때문이다(塩が含まれているからだ)」と書いても正解にはなると思いますが、出来れば、「소금이 녹아 있기 때문이다」で答えた方がよりよいと思います。

　　次に(ㄴ)ですが、雨や川が岩を削り、結果的に岩の中に含まれていた塩が海に流れるという話なので、(ㄴ)には塩を海に運ぶという内容を書けばよいことが分かります。「소금이 바다로 흘러들어 간다(塩が海に流れ込む)」でもよいと思います。

〈問題 4〉

※ 다음을 읽고 (ㄱ)과 (ㄴ)에 들어갈 말을 각각 한 문장으로 쓰십시오. 각 10점

51.

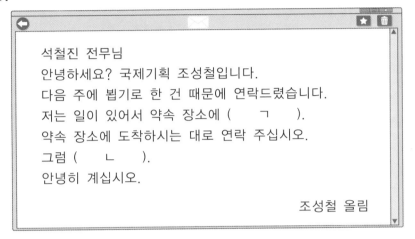

석철진 전무님
안녕하세요? 국제기획 조성철입니다.
다음 주에 뵙기로 한 건 때문에 연락드렸습니다.
저는 일이 있어서 약속 장소에 (ㄱ).
약속 장소에 도착하시는 대로 연락 주십시오.
그럼 (ㄴ).
안녕히 계십시오.

조성철 올림

52.

　사람이 살아가는 데 필요한 에너지는 섭취한 음식물의 영양소를 산소로 태움으로써 생겨난다. 이산화탄소가 생기는 것은 바로 (ㄱ). 호흡을 하는 이유가 바로 여기에 있다. 영양소를 태우기 위해 필요한 산소는 들여보내고 영양소를 태우는 과정에서 발생한 이산화탄소는 (ㄴ) 호흡을 하는 것이다.

※次を読んで（ㄱ）と（ㄴ）に入る表現をそれぞれ１文で書いて下さい。 各10点

51.

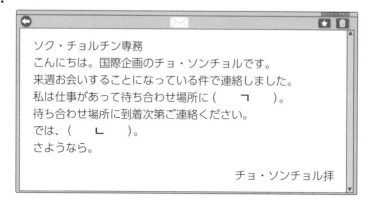

ソク・チョルチン専務
こんにちは。国際企画のチョ・ソンチョルです。
来週お会いすることになっている件で連絡しました。
私は仕事があって待ち合わせ場所に（　ㄱ　）。
待ち合わせ場所に到着次第ご連絡ください。
では、（　ㄴ　）。
さようなら。

チョ・ソンチョル拝

52.

　人が生きていくのに必要なエネルギーは、摂取した食物の栄養素を酸素で燃やすことで得られる。二酸化炭素が生じるのは、まさに（　ㄱ　）。呼吸をする理由がまさにここにある。栄養素を燃やすために必要な酸素は取り込み、栄養素を燃やす過程で発生した二酸化炭素は（　ㄴ　）呼吸をするのである。

解　説

51.（ㄱ）には「먼저 가 있겠습니다/있을 예정입니다（先に行っています／行っている予定です）、미리 갈 겁니다（早めに行くつもりです）」のような文が、（ㄴ）には「다음 주에 뵙도록 하겠습니다（来週伺います）、다음 주에 뵙겠습니다（来週お目にかかります）」のような文が適切と思われます。

　まず（ㄱ）ですが、（ㄱ）の前に「일이 있어서」という表現が出てきます。来週会う予定になっている人に対してこの表現を使うということは、予定している約束の他にまた用事が出来たことを意味するので、「일이 있어서 약속 장소에」の後には、先に現地入りをするというような内容が続くのが普通です。

　次に（ㄴ）ですが、先に現地入りして待っているという話の後に、到着次第連絡してもらいたいと言っているので、その後続く「그럼」の後には、来週のことに触れる表現で締めくくるのが理想的です。「그럼 다음 주에 약속 장소에서

기다리겠습니다 (では来週待ち合わせ場所でお待ちしております)」でもよいと
思います。

52. (ㄱ) は「영양소가 타기 때문이다 (栄養素が燃えるからだ)」が、(ㄴ) は「내
보내야 하기 (되기) 때문에 (出さなければならないので)」が正解です。この
問題は、「산소 (酸素) /이산화탄소 (二酸化炭素) /영양소 (栄養素)」などの言
葉の意味が分かるかがポイントとなります。まず (ㄱ) ですが、直前に栄養素を
酸素で燃やすという表現が出てくるので、それを応用して書きます。「산소로
영양소를 태운다→영양소가 탄다」のような発想です。

　　次に (ㄴ) ですが、「酸素は取り込み、二酸化炭素は」という言い方になって
いるので、「外に出す」という内容をその後に言い足せばよいということが分か
ります。解答文としては、「밖으로 배출시켜야 하기 때문에 (外に排出しなけ
ればならないので)」などもよいと思います。

〈問題 5〉
※다음을 읽고 (ㄱ)과 (ㄴ)에 들어갈 말을 각각 한 문장으로 쓰십
시오. 각 10점

51.

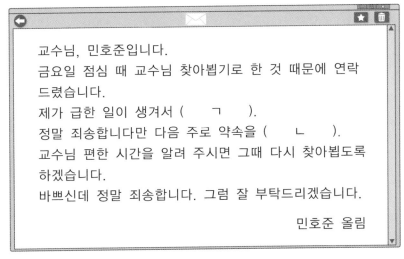

교수님, 민호준입니다.
금요일 점심 때 교수님 찾아뵙기로 한 것 때문에 연락
드렸습니다.
제가 급한 일이 생겨서 (　　ㄱ　　).
정말 죄송합니다만 다음 주로 약속을 (　　ㄴ　　).
교수님 편한 시간을 알려 주시면 그때 다시 찾아뵙도록
하겠습니다.
바쁘신데 정말 죄송합니다. 그럼 잘 부탁드리겠습니다.

민호준 올림

52.

　사람은 한 번 호흡할 때 400~500ml의 공기를 마시며 하루에 약 3만 번 정도 (　　ㄱ　　). 입 또는 코로 들어온 공기는 기관을 통하여 폐로 들어가는데 이때 이 폐 안에서는 (　　ㄴ　　) 불필요해진 이산화탄소를 배출하는 작용을 순식간에 한다. 한편 폐는 근육을 가지고 있지 않기 때문에 스스로 팽창하거나 수축할 수 없다.

日本語の訳

※次を読んで (ㄱ) と (ㄴ) に入る表現をそれぞれ 1 文で書いて下さい。 各10点

51.

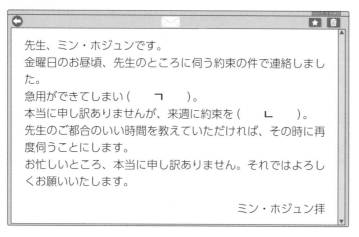

先生、ミン・ホジュンです。
金曜日のお昼頃、先生のところに伺う約束の件で連絡しました。
急用ができてしまい（　　ㄱ　　）。
本当に申し訳ありませんが、来週に約束を（　　ㄴ　　）。
先生のご都合のいい時間を教えていただければ、その時に再度伺うことにします。
お忙しいところ、本当に申し訳ありません。それではよろしくお願いいたします。

ミン・ホジュン拝

52.

　人間は1回の呼吸に400～500mlの空気を吸い、1日に約3万回程度（　　ㄱ　　）。口や鼻から入ってきた空気は、気管を通じて肺に入るのだが、この時にこの肺の中では（　　ㄴ　　）、不要となった二酸化炭素を排出する働きが瞬時に行われる。一方、肺は筋肉を持っていないため、自分で膨張したり収縮したりすることができない。

解説

51. （ㄱ）には「못 찾아뵐 것 같습니다（伺えそうにありません）/못 갈 것 같습니다（行けそうにありません）」のような文が、（ㄴ）には「미루었으면 합니다（延ばせればと思います）/변경했으면 합니다（変更できればと思います）」のような文が適切と思われます。

　　まず（ㄱ）ですが、前の行に「찾아뵙기로 한 것 때문에」という内容が出てくるので、2人は会う約束になっていたことが分かります。その次に「급한 일이 생겨서」と続くので、恐らくその後ろには、行けなくなったという話が続くのが普通だと思います。それからその話の後、「정말 죄송합니다만 다음 주로 약속을」という話が出てくるので、（ㄴ）には、約束の変更を提案するような内容を書けばよいということになります。

52. （ㄱ）は「호흡을 한다고 한다（呼吸をすると言う）」が、（ㄴ）は「공기 속의 산소를 혈액 속으로 보내고（空気の中の酸素を血液中に送り）」が正解です。

　　まず（ㄱ）ですが、その前に呼吸の話が出てきて、その後ろで1日に3万回と続くので、これは恐らく呼吸の回数の話をしているのではということに気づきます。

　　次に（ㄴ）ですが、難しいかもしれませんが、呼吸の話なので、口や鼻から入ってきた空気が肺に入ったらどうなるのかを考え、不要な二酸化炭素を排出する働きを瞬時に行うという話が出てくるのだったら、その前の（ㄴ）には、その話と対称的な働き、つまり、肺が酸素をどうするのかを書けばよいというふうに、論理展開をします。それを踏まえると上記のような解答文になります。ただ、（ㄴ）に入れる内容として、「혈액 속으로 보내고（血液中に送り）」を思い付くのは容易ではありません。「공기 속의 산소를 받아들이고（空気の中の酸素を取り入れ）」と書くだけでも、満点に近い点数は取れると思います。

111

〈問題 6〉

※다음을 읽고 (ㄱ)과 (ㄴ)에 들어갈 말을 각각 한 문장으로 쓰십시오. 각 10점

51.

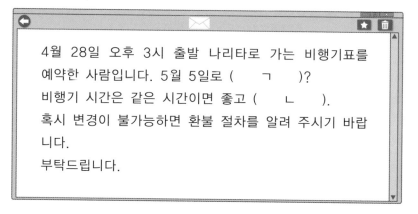

4월 28일 오후 3시 출발 나리타로 가는 비행기표를 예약한 사람입니다. 5월 5일로 (ㄱ)?
비행기 시간은 같은 시간이면 좋고 (ㄴ).
혹시 변경이 불가능하면 환불 절차를 알려 주시기 바랍니다.
부탁드립니다.

52.

기업은 사원을 소중히 여겨야 하는가? 아니면 어차피 계약 관계이니 딱히 그렇게까지 생각할 필요가 없는가? 소중히 대한다면 뭘 어떻게 (ㄱ)? 소중하다는 말은 대체하기 어려울 때 쓴다. 다른 것과 (ㄴ). 그러니까 기업이 사람을 소중하게 여긴다는 것은 그 사람이 대체하기 어려운 사람이라는 뜻이다.

日本語の訳

※次を読んで(ㄱ)と(ㄴ)に入る表現をそれぞれ1文で書いて下さい。 各10点

51.

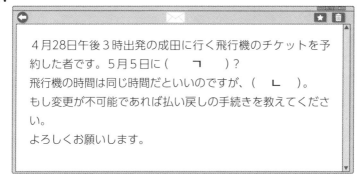

 ４月28日午後３時出発の成田に行く飛行機のチケットを予約した者です。５月５日に（　ㄱ　）？
飛行機の時間は同じ時間だといいのですが、（　ㄴ　）。
もし変更が不可能であれば払い戻しの手続きを教えてください。
よろしくお願いします。

52.

　企業は、従業員を大切にしなければいけないのか。それともどうせ契約関係なのだから、別にそこまで考える必要はないのだろうか。大切にするとしたら何をどのように（　ㄱ　）。大切だという言葉は、代替が困難なときに使う。他と（　ㄴ　）。だから企業が人を大切に思っているということは、その人が代替困難な人であるという意味である。

解　説

51.　(ㄱ)には、「변경 가능한지요?(変更、可能でしょうか)、바꿀 수 있는지요?(変えることは出来るのでしょうか)」のような文が、(ㄴ)には、「다른 시간이라도 상관없습니다(違う時間でもかまいません)」のような文がいいと思います。

　　まず(ㄱ)ですが、一度予約した飛行機のチケットを変更する内容の話ですから、「변경해 줄 수 있습니까?(変更して頂けますか)/바꿔 줄 수 있습니까?(変えてもらうことは出来ますか)」のような文も成立するのではないかという疑問が湧いてきます。間違いではありませんので、ある程度の点はもらえると思います。では、なぜこの場合、「가능한지요?」のような言い方が適切なのでしょうか。これは、(ㄴ)の次の行で、「혹시 변경이 불가능하다면」という言

い方をしていることがポイントとなります。つまり、「변경이 불가능하다」という言い方をしているので、その前でも「변경할 수 있습니까?」よりも「변경 가능하다」という言い方をする可能性が高いのです。これが「文体の統一性」というものです。

　次の (ㄴ) ですが、変更するフライトの時間のことを言っていて、当初予約した時と同じ時間でも、別の時間でもどちらでもよいという内容の発言なので、それを書きます。違う時間帯を表す表現が入れば、残りは「좋습니다 (いいです) / 괜찮습니다 (大丈夫です) / 상관없습니다 (かまいません)」のどれを使ってもかまいません。

52. (ㄱ) には「소중히 대하여야 하는가 (大切にしなければならないのだろうか)」のような文が、(ㄴ) には「바꾸기 어려울 때 쓴다 (変えにくい時に使う)」のような文が適切と思われます。

　まず (ㄱ) ですが、何をどのようにすれば人を大切にしたことになるのかという趣旨の文なので、「소중히 대하여야 하는가/대하여야 한다는 뜻인가 (大切にしなければならないのか / しなければならないという意味だろうか)」のような解答をすればよいと思います。

　次の (ㄴ) ですが、流れ的に、その前の「대체하기 어려울 때 쓴다」を他の表現で言い換えるような流れになっているので、「바꾸기 어려울 때 쓴다」のような文を入れればよいということになります。

〈問題7〉

※다음을 읽고 (ㄱ)과 (ㄴ)에 들어갈 말을 각각 한 문장으로 쓰십
시오. 각 10점

51.

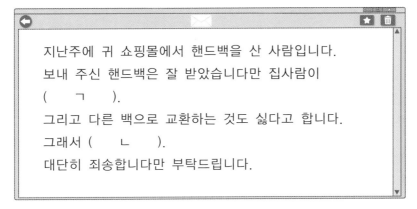

지난주에 귀 쇼핑몰에서 핸드백을 산 사람입니다.
보내 주신 핸드백은 잘 받았습니다만 집사람이
(　　ㄱ　　).
그리고 다른 백으로 교환하는 것도 싫다고 합니다.
그래서 (　　ㄴ　　).
대단히 죄송합니다만 부탁드립니다.

52.

　　코레일 기차 취소는 (　　ㄱ　　) 역에서 발권한 티켓과
환불 수수료가 다르다. 무료로 취소할 수 있는 기간은 인터넷
으로 예매를 했을 때가 역에서 직접 발권했을 때보다도 길다.
한편 인터넷으로 예매한 경우에는 출발 후 (　　ㄴ　　), 역
에서 발권한 경우에는 수수료를 지불하고 반환받을 수 있다.

※次を読んで（ㄱ）と（ㄴ）に入る表現をそれぞれ1文で書いて下さい。 各10点

51.

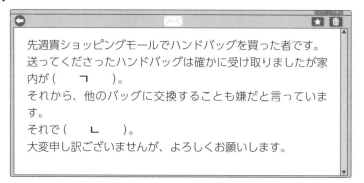

先週貴ショッピングモールでハンドバッグを買った者です。
送ってくださったハンドバッグは確かに受け取りましたが家
内が（　　ㄱ　　）。
それから、他のバッグに交換することも嫌だと言っていま
す。
それで（　ㄴ　）。
大変申し訳ございませんが、よろしくお願いします。

52.

　コレイル列車のキャンセルは（　　ㄱ　　）駅から発券した切符と払い戻しの手数料が
異なる。無料でキャンセルできる期間は、インターネットで前もって購入した時の方が
駅で直接発券した時より長い。一方、インターネットで前もって購入した場合には、出
発後（　ㄴ　）、駅で発券した場合には、手数料を支払って払い戻しをしてもらうこ
とができる。

解　説

51.（ㄱ）には「마음에 들어하지 않습니다（気に入らないようです）、마음에
안 든답니다（気に入らないそうです）、별로랍니다（いまいちだそうです）」の
ような文が、（ㄴ）は「환불을 했으면 합니다（払い戻しして頂きたいのです
が）、환불해 주셨으면 좋겠습니다（払い戻しをして頂けると助かります）」の
ような文が適切かと思われます。

　まず（ㄱ）ですが、次の行に「그리고 교환하는 것도 싫다（それから交換す
るのも嫌だ）」と言っているので、妻が買ったバッグを喜んでいないことが分か
ります。したがって（ㄱ）にはその内容を書きます。「마음에 들지 않는다」と
いう内容が入っていればよいので、上記のような解答になります。

　次の（ㄴ）ですが、バッグを買ったのにそれが気に入らず、別のものに交換す
るのも嫌だったら、残る選択肢は、払い戻ししかありません。（ㄴ）にはその内
容を書きます。

52. (ㄱ) は「인터넷으로 발권한 티켓과(インターネットで発券した切符と)」
が、(ㄴ) は「환불이 불가능하지만(払い戻しが出来ないが)」が正解です。

まず (ㄱ) ですが、この文では全般的に、インターネットで乗車券を購入した
場合と、駅で直接購入した場合との違いをいろいろ説明しているので、後ろに
「역에서 발권한 티켓과」と言っていることを考えると、(ㄱ) にはインターネ
ットで購入した切符のことを書いておけばよいのではということが分かります。

次の (ㄴ) も、後ろの文で、手数料を払えば払い戻しが出来るという内容が出
てくるので、それと反対となる内容、「환불이 (반환이) 불가능하지만/안 되
지만」を書けばよいということになります。なぜこの場合、反対の内容を書か
なければならないかですが、後ろの文に「역에서 발권한 경우에는 ～수 있다
(駅で発券した場合には、～出来る)」と書いてあるのが理由です。つまり、そ
の言い方をするということは、「では別の場合には出来ない」ということになる
ので、「반환 받을 수 없다」になるのです。

･･････････････････････････････････

〈問題8〉
※다음을 읽고 (ㄱ)과 (ㄴ)에 들어갈 말을 각각 한 문장으로 쓰십
시오. 각 10점

51.

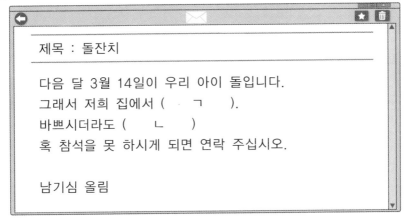

제목 : 돌잔치

다음 달 3월 14일이 우리 아이 돌입니다.
그래서 저희 집에서 (ㄱ).
바쁘시더라도 (ㄴ)
혹 참석을 못 하시게 되면 연락 주십시오.

남기심 올림

52.

> 허파와 폐는 같은 말이다. 허파는 순수한 한국어이고
> (ㄱ). 허파의 가장 기본적인 기능은 호흡이지만 그
> 외에도 많은 기능을 가지고 있다. 목소리를 만들어 내기 위해
> 공기를 배출하는 기능도 가지고 있고 또 충격으로부터 심장
> 을 보호하는 기능도 가지고 있다. 그러니까 (ㄴ).

日本語の訳

※次を読んで(ㄱ)と(ㄴ)に入る表現をそれぞれ1文で書いて下さい。 各10点

51.

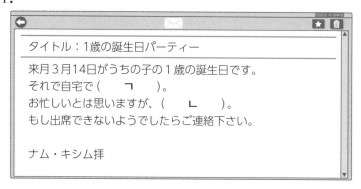

タイトル：1歳の誕生日パーティー

来月3月14日がうちの子の1歳の誕生日です。
それで自宅で(ㄱ)。
お忙しいとは思いますが、(ㄴ)。
もし出席できないようでしたらご連絡下さい。

ナム・キシム拝

52.

> ホパと肺は同じ言葉である。ホパは純粋な韓国語で、(ㄱ)。肺の最も基
> 本的な機能は呼吸だが、その他にも多くの機能を持っている。声を作るために空気を
> 排出する機能も持っており、また衝撃から心臓を保護する機能も持っている。だから
> (ㄴ)。

解 説

51. (ㄱ)には「돌잔치를 하려고 합니다((子どもの)1歳の誕生日パーティーを
しようと思っています)/돌잔치를 할 예정입니다(誕生日パーティーをする予
定です)」が、(ㄴ)には「꼭 참석해 주셨으면 합니다(ぜひ出席して頂きたい
です)/꼭 와 주셨으면 합니다(ぜひ来て頂きたいです)/꼭 시간을 내 주셨
으면 합니다(ぜひお時間を作って頂きたいです)」のような文が適切と思われ
ます。

　(ㄱ)は、「돌잔치(子どもの1歳の誕生日パーティー)」の意味が分かるかが
カギとなりますが、意味が分からなくてもタイトルに書いてあるので、それを
書けばよいのではということに気がつけば書けると思います。

　(ㄴ)は、次の行に書いてある「참석을 못하시게 되면」がヒントとなります。

52. (ㄱ)は「폐는 한자어이다(肺は漢字語である)」が正解で、(ㄴ)には、「폐
가 심장을 감싸고 있는 것이다(肺が心臓を覆っているのである)/폐가 심장
을 둘러싸고 있는 것이다(肺が心臓を囲んでいるのである)」が適切です。

　(ㄱ)の正解の理由ですが、冒頭でホパと肺が同じ言葉であるという話題提供
をし、次の文でさらに詳しい説明を付け加えているので、「허파는 순수한 한
국어이고(ホパは純粋な韓国語で)」の後に続くのは、肺に関する記述というこ
とになります。片方の言葉が純粋な韓国語と言っているので、もう一方は漢字
語ということになります。

　次の(ㄴ)ですが、前の文で肺が心臓を保護する働きもすると言っているので、
上記のような文が適切な解答文になります。

● ●

〈問題9〉

※다음을 읽고 (ㄱ)과 (ㄴ)에 들어갈 말을 각각 한 문장으로 쓰십
시오. 각 10점

51.

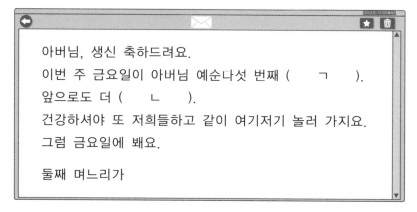

아버님, 생신 축하드려요.
이번 주 금요일이 아버님 예순다섯 번째 (ㄱ   ).
앞으로도 더 (ㄴ   ).
건강하셔야 또 저희들하고 같이 여기저기 놀러 가지요.
그럼 금요일에 봬요.

둘째 며느리가

52.

　솔로몬은 구약 성경에 기록된 이스라엘 왕국의 제3대 왕
의 이름이다. 그는 무엇을 원하는가라는 하나님의 물음에
(ㄱ   ). 두 여인이 한 아이를 두고 서로 제 아이라고
주장을 할 때 (ㄴ   )고 한 판결은 솔로몬의 지혜를 잘
나타내는 예의 하나로 잘 인용된다. 그런데 살아있는 아이를
둘로 잘라서 나눠 가지라는 판결이 과연 현명한 재판인지는
의문이라 하지 않을 수 없다.

日本語の訳

※次を読んで(ㄱ)と(ㄴ)に入る表現をそれぞれ1文で書いて下さい。 各10点

51.

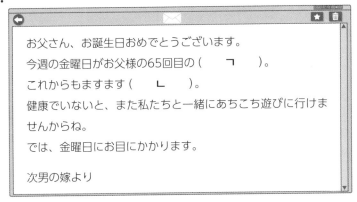

お父さん、お誕生日おめでとうございます。

今週の金曜日がお父様の65回目の(　　ㄱ　　)。

これからもますます(　　ㄴ　　)。

健康でいないと、また私たちと一緒にあちこち遊びに行けま
せんからね。

では、金曜日にお目にかかります。

次男の嫁より

52.

> ソロモンは旧約聖書に記録されたイスラエル王国の第3代の王の名前である。彼は何
> がほしいのかという神の問いに(　　ㄱ　　)。2人の女が1人の子どもをめぐって互い
> に自分の子だと争った時に(　　ㄴ　　)といった判決はソロモンの知恵をよく表す例の
> 1つとしてよく引用される。しかし生きている子どもを2つに割って分け合いなさいとい
> う判決が、果たして賢い裁判だったかどうかは疑問と言わざるを得ない。

解　説

51.　(ㄱ)は「생신이시네요(お誕生日なのですね)」が、(ㄴ)は「건강하셔야 돼
요(健康でいないとだめですよ)」が正解になります。

　　その理由ですが、冒頭で「생신 축하드려요」とお祝いの言葉を述べており、
次の会話で「今週の金曜日が65回目の〜」と続けているので、これは誕生日の
話になります。お父さんの誕生日ということなので、敬語を使って「생신이시
네요」と言わなければなりません。

　　次の(ㄴ)ですが、次の行で健康でいないと遊びに行くことも出来なくなると
言っているので、(ㄴ)には、健康でいなければだめという内容を入れればよい
ということが分かります。

52. (ㄱ)には「지혜를 원한다고 대답했다（知恵がほしいと答えた）」、（ㄴ）に
は「아이를 둘로 잘라서/갈라서 나눠 가지라（子どもを2つに割って分け合
いなさい）」が適切と思われます。

　まず（ㄱ）ですが、ここには「何が望みなのか」という神様の問いに答える内
容を書けばよいので、自動的に「〜를/을 원한다고 대답했다」になります。
では、「〜」の部分に何を入れるかですが、後ろの文にソロモンの知恵というく
だりが出てくるので、それを入れればよいということが分かります。

　次に（ㄴ）ですが、次の行に判決の内容がそのまま再度出てきているので、そ
れを写せばよいということになります。1つここで注意して頂きたいのは、「〜
고 한 판결」になっているので、「아이를 둘로 잘라서 나눠 <u>가지라</u>」で止め
なければならない点です。

• •

〈問題10〉
※다음을 읽고 (ㄱ)과 (ㄴ)에 들어갈 말을 각각 한 문장으로 쓰십
시오. 각 10점

51.

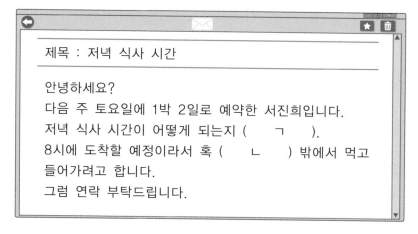

제목 : 저녁 식사 시간

안녕하세요?
다음 주 토요일에 1박 2일로 예약한 서진희입니다.
저녁 식사 시간이 어떻게 되는지 (　ㄱ　).
8시에 도착할 예정이라서 혹 (　ㄴ　) 밖에서 먹고
들어가려고 합니다.
그럼 연락 부탁드립니다.

52.

> 　　사람은 경우에 따라서 인재도 되고 둔재도 된다. 그러니까 어떤 사람을 (　　ㄱ　　) 또는 둔재로 만드느냐는 그 사람을 다루는 사람의 능력에 달려 있다. 회사도 마찬가지이다. 자기 회사에 들어오는 사람을 인재로 만드느냐 또는 둔재로 만드느냐는 그 회사에 달려 있다. 정말 쓸 만한 인재가 없다고 한탄하는 경영자가 있다면 그 사람은 (　　ㄴ　　). 왜냐하면 스스로 자기 회사 사람들을 둔재로 만들어 놓고 한탄하고 있기 때문이다.

日本語の訳

※次を読んで (ㄱ) と (ㄴ) に入る表現をそれぞれ1文で書いて下さい。各10点

51.

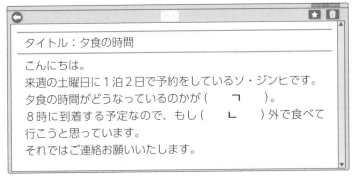

タイトル：夕食の時間

こんにちは。
来週の土曜日に1泊2日で予約をしているソ・ジンヒです。
夕食の時間がどうなっているのかが (　　ㄱ　　)。
8時に到着する予定なので、もし (　　ㄴ　　) 外で食べて行こうと思っています。
それではご連絡お願いいたします。

52.

> 　人は場合によって人材にも鈍才にもなる。だから、ある人を (　　ㄱ　　)、または鈍才にするかはその人を扱う人の能力にかかっている。会社も同様である。自分の会社に入ってくる人を人材にするか、または鈍才にするかはその会社にかかっている。本当に使える人材がいないと嘆く経営者がいるとしたら、その人は (　　ㄴ　　)。なぜなら、自ら自分の会社の人を鈍才にしておいて嘆いているからである。

51. （ㄱ）には「궁금해서 연락드렸습니다（気になって連絡しました）/알고 싶
어서 메일을 보냅니다（知りたくてメールを送ります）」のような文が、（ㄴ）
には「준비가 안 된다면（準備出来ないのであれば）/저녁 식사를 할 수 없다
면（夕食が出来ないのであれば）」のような文が適切と思われます。

　　まず（ㄱ）ですが、「8時に到着予定なので」と「外で食べて行こうと思ってい
ます」の間に入れる内容を書くということなので、最初から外で食べて行くの
であれば夕食の時間を気にすることもないということを考え合わせると、（ㄱ）
には、夕食の時間が気になるという内容を書けばよいというのが分かります。

　　次に（ㄴ）ですが、「혹（もしも）」という言葉が前についているので、条件的
に2つに1つということになります。後ろの文で外で食べて行くと言っている
ことを考えると、その状況を余儀なくする条件、つまり食事の用意が出来ない
のであればという内容を（ㄴ）に書けばよい、ということが分かってきます。

52. （ㄱ）には「인재로 만드느냐（人材にするのか）」が、（ㄴ）には「인재가 아
니라 둔재이다（人材ではなく鈍才だ）」が適切かと思われます。

　　まず（ㄱ）ですが、すぐ後ろに「또는 둔재로 만드느냐」という表現が続くの
で、それと対になり得る内容を書けばよいということが分かります。ここでは
それが「인재로 만드느냐」になります。

　　次の（ㄴ）ですが、ちょっと難しいかもしれませんが、この文で「인재와 둔
재」を対照的に語っていることを考えると、それを応用し、「인재가 아니라
둔재이다」と書くのが最も適切かと思われます。

〈問題11〉
※다음을 읽고 (ㄱ)과 (ㄴ)에 들어갈 말을 각각 한 문장으로 쓰십
시오. 각 10점

51.

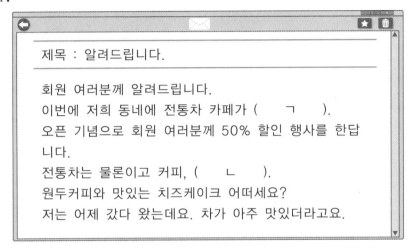

제목 : 알려드립니다.

회원 여러분께 알려드립니다.
이번에 저희 동네에 전통차 카페가 (ㄱ   ).
오픈 기념으로 회원 여러분께 50% 할인 행사를 한답
니다.
전통차는 물론이고 커피, (ㄴ   ).
원두커피와 맛있는 치즈케이크 어떠세요?
저는 어제 갔다 왔는데요. 차가 아주 맛있더라고요.

52.

오랫동안 한국의 교육 목표는 대학 입학에 맞추어져 있었
다. 일류 대학에 들어가는 것이 삶의 질을 결정한다고 보고
초등학교 입학 전부터 학원을 보내는 일도 서슴지 않았다. 그
런데 (ㄱ   ) 성공하는 세상도 아니고 이제는 경제적인
여유보다도 (ㄴ   ) 명문대 입학에 목을 매는 세태가 변
화하고 있는 것이다.

쓰
기
51
번
~
52
번

Ⅱ
쓰
기
53
번

Ⅲ
쓰
기
54
번

125

※次を読んで（ㄱ）と（ㄴ）に入る表現をそれぞれ1文で書いて下さい。各10点

51.

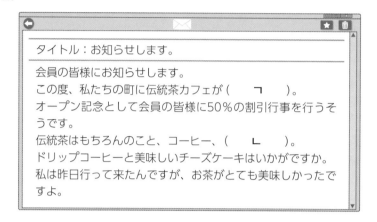

> タイトル：お知らせします。
>
> 会員の皆様にお知らせします。
> この度、私たちの町に伝統茶カフェが（　ㄱ　）。
> オープン記念として会員の皆様に50％の割引行事を行うそうです。
> 伝統茶はもちろんのこと、コーヒー、（　ㄴ　）。
> ドリップコーヒーと美味しいチーズケーキはいかがですか。
> 私は昨日行って来たんですが、お茶がとても美味しかったですよ。

52.

> 　長い間、韓国の教育目標は、大学入学に焦点が合わせられていた。一流大学に入ることが生活の質を決定すると考え、小学校入学前から塾に行かせることもはばからなかった。ところが（　ㄱ　）成功する世の中でもなく、今は経済的な余裕よりも（　ㄴ　）名門大学入学にすべてをかける世相が変化しているのである。

解　説

51. （ㄱ）には「새로 오픈했습니다（新規オープンしました）/새로 생겼습니다（新しく出来ました）」のような文が、（ㄴ）には「케이크 같은 것도 있다네요（ケーキのようなものもあるみたいですよ）/케이크도 있대요（ケーキもあるそうですよ）」のような文が適切と思われます。

　まず（ㄱ）ですが、すぐ後ろの文に「오픈 기념」という言葉が出てくるので、それを書けばよいということが分かります。上記の解答文のような例です。

　次に（ㄴ）ですが、次の行にコーヒーやケーキの話が続きますので、このカフェには伝統茶以外にも、コーヒーやケーキ類も置いてあるのだろうということになるかと思います。（ㄴ）にはその内容を書きます。上記の解答文の例がなぜ引用文になっているかですが、何かを他人に宣伝、紹介する時にはそのような

言い方をするのが一般的です。引用・伝聞形にしないで直言形にすると、自分の店かと誤解されることがあるので、それを避けたいというのがそのような婉曲表現を使う理由です。

52. (ㄱ)には、「좋은 대학 (よい大学) /일류 대학 (一流大学) /명문 대학 (名門大学) 에 들어간다고 (に入ったからといって)」のような言い方が、(ㄴ)には、「삶의 질을 높이려는 생각이 늘면서 (生活の質を高めようという考えが増えるにつれて)」のような言い方が適切です。

　まず (ㄱ) ですが、この文では、以前は、「일류 대학 (一流大学)」→「삶의 질을 결정한다 (生活の質を決定する)」→「성공한다 (成功する)」だったのが、今は世相が「명문 대학 입학 (名門大学入学)」→「성공하는 세상이 아니다 (成功する世の中ではない)」に変わっていることを力説しています。ですから、(ㄱ) には、一流大学に入ったからといって成功するわけではないという内容の前半部を書けばよいということになります。

　次の (ㄴ) は、ヒントも何もないので、少し難しいかもしれません。カギはその直前に出てくる「경제적 여유보다도 (経済的な余裕よりも)」をどう読み解くかです。以前は、経済的な余裕に関わるからいい大学に入り、よいところに就職するという流れが強かったが、今の時代は違うという話ですから、(ㄴ) には、経済的な余裕の代わりに追求するもの、それを書かなければなりません。本文の中からそれに最も近い表現を選ぶとしたら「삶의 질」になります。それを上手く活用して書き入れます。

●●

〈問題12〉

※다음을 읽고 (ㄱ)과 (ㄴ)에 들어갈 말을 각각 한 문장으로 쓰십시오. 각 10점

51.

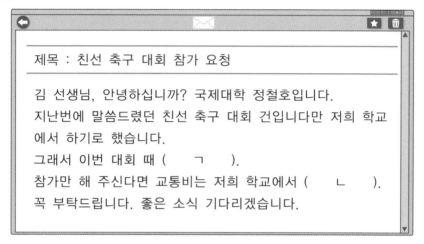

제목 : 친선 축구 대회 참가 요청

김 선생님, 안녕하십니까? 국제대학 정철호입니다.
지난번에 말씀드렸던 친선 축구 대회 건입니다만 저희 학교에서 하기로 했습니다.
그래서 이번 대회 때 (ㄱ).
참가만 해 주신다면 교통비는 저희 학교에서 (ㄴ).
꼭 부탁드립니다. 좋은 소식 기다리겠습니다.

52.

　피아노 삼중주는 현악 삼중주와 더불어 삼중주 중에서도 가장 유명하고 자주 연주되는 형태이다. 현악 삼중주는 바이올린, 비올라, 첼로로 구성되는 데 비해 피아노 삼중주는 비올라 대신 피아노가 들어가 (ㄱ). 바이올린, 비올라, 첼로, 피아노로 구성되는 (ㄴ) 피아노의 비중이 높기 때문에 난이도도 그만큼 높아진다.

日本語の訳

※次を読んで (ㄱ) と (ㄴ) に入る表現をそれぞれ1文で書いて下さい。各10点

51.

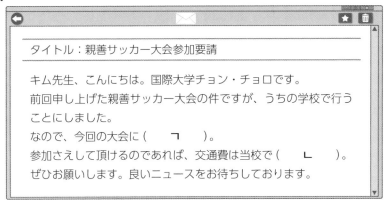

タイトル：親善サッカー大会参加要請

キム先生、こんにちは。国際大学チョン・チョロです。
前回申し上げた親善サッカー大会の件ですが、うちの学校で行う
ことにしました。
なので、今回の大会に（　　ㄱ　　）。
参加さえして頂けるのであれば、交通費は当校で（　　ㄴ　　）。
ぜひお願いします。良いニュースをお待ちしております。

52.

> 　ピアノ三重奏は、弦楽三重奏と共に三重奏の中でも最も有名でよく演奏される形である。弦楽三重奏はバイオリン、ヴィオラ、チェロで構成されるのに対し、ピアノ三重奏はヴィオラの代わりにピアノが入って（　　ㄱ　　）。バイオリン、ヴィオラ、チェロ、ピアノで構成される（　　ㄴ　　）ピアノの比重が高いため、難易度もそれ相応に高くなる。

解　説

51.　(ㄱ) には「꼭 선수단을 보내 주셨으면 합니다 (ぜひ選手を送って頂きたいです) / 꼭 참가해 주셨으면 합니다 (ぜひご参加頂きたいです)」のような文が、(ㄴ) には「부담하도록 하겠습니다 (負担するように致します) / 부담하겠습니다 (負担します)」のような文が適切と思われます。

　　まず (ㄱ) ですが、次の行に「참가만 해 주신다면 (参加さえして頂けるのであれば)」という言い方をしていることを踏まえると、その前の段階で、ぜひご参加宜しくお願いしますとお願いをする内容がなければおかしいことになります。(ㄱ) には、その内容を書けばよいので、上記の解答文のようなものになります。

Ⅰ
쓰
기

51
번
～
52
번

Ⅱ
쓰
기

53
번

Ⅲ
쓰
기

54
번

129

次の (ㄴ) ですが、「교통비는 저희 학교에서 (交通費は当校で)」と言っているので、それに続く話としては普通「부담하겠습니다 (負担します)」になります。また、「참가만 해 주신다면」という言い方がカギとなります。「～さえ～して頂けるのであれば」という意味の言い方で、こちらが懇願する立場になっていることを表す表現です。となると、交通費の負担は自然な提案となります。

52. (ㄱ) は「바이올린, 첼로, 피아노로 구성된다 (バイオリン、チェロ、ピアノで構成される)」が、(ㄴ) は「피아노 사중주에 비하면 (ピアノ四重奏に比べると)」が正解です。(ㄱ) ですが、まず弦楽トリオの構成が紹介され、次にピアノトリオの構成の話が続くので、中身はピアノトリオを構成する楽器名ということになります。

　次に (ㄴ) ですが、ヴィオラが追加され、楽器が4つになっているので、これはピアノ四重奏になります。それに対して、ピアノの比重が高いとかという話が出てくるので、四重奏と比べて三重奏の方が、という流れになることは容易に推察出来ます。

● ●

〈問題13〉
※ 다음을 읽고 (ㄱ)과 (ㄴ)에 들어갈 말을 각각 한 문장으로 쓰십시오. 각 10점

51.

어린이 보호 구역 안전 수칙

어린이 보호 구역에서는 반드시 30km 이하로 서행해 주세요.
어린이 보호 구역에서 어린이가 도로를 건널 때에는 (　ㄱ　).
어린이 보호 구역에서는 불법 주정차를 하지 말아 주세요.
어린이 보호 구역 내 교통 신호는 (　ㄴ　).

52.

> 역사는 살아남은 자, 즉 (　ㄱ　). 그러나 꼭 승자의 기록만이 역사에 남아 있는 것은 아닙니다. 또 승자의 기록이 역사에 남아 있다고 해서 그것이 (　ㄴ　). 전쟁에서 이겼다고 해서 반드시 그것이 옳은 것도 아니고 졌다고 해서 역사 속의 패배자로 끝나는 것도 아니기 때문입니다. 역사의 진정한 승자는 한 시대를 바꾸고 세계를 바꾼 인물들입니다.

日本語の訳

※次を読んで (ㄱ) と (ㄴ) に入る表現をそれぞれ1文で書いて下さい。 各10点

51.

子ども保護区域の安全規則

子ども保護区域では、必ず30km以下で徐行して下さい。
子ども保護区域で子どもが道路を渡るときには (　ㄱ　)。
子ども保護区域では、違法駐停車をしないで下さい。
子どもの保護区域内の交通信号は、(　ㄴ　)。

52.

> 歴史は生き残った者、すなわち (　ㄱ　)。しかし、必ずしも勝者の記録だけが歴史に残るのではありません。また、勝者の記録が歴史に残っているからと言って、それが (　ㄴ　)。戦争で勝ったからと言って必ずしもそれが正しいわけではなく、負けたからと言って歴史の中の敗北者として終わるわけでもないからです。歴史の真の勝者は、1つの時代を変え、世界を変えた人物たちです。

131

51. (ㄱ) には、「반드시 정지해 주세요 (必ず停止して下さい) /멈춰 주세요
(止まって下さい)」のような文が、(ㄴ) には、「꼭/반드시 지켜 주세요 (絶対
守って下さい)」のような文がよいと思います。まず (ㄱ) ですが、子どもが道路
を渡っているのですから、車は止まらなければなりません。それから、(ㄴ) で
すが、交通信号は必ず守らなければなりません。

52. (ㄱ) には「승자의 기록이라는 말이 있습니다 (勝者の記録だという言葉が
あります)」のような文が、(ㄴ) には「반드시 좋은 것만도 아닙니다 (必ずし
もよいというわけではありません)」のような文が適切と思われます。

　　まず (ㄱ) ですが、次の行で「그러나 꼭 승자의 기록만이 ～ (しかし必ずし
も勝者の記録だけが～)」という表現が出てくるので、「승자의 기록」が前のと
ころで言及されないとおかしいことになります。ですので、(ㄱ) にはそれを書
きます。一方、上の解答文で、「기록이라는 말이 있습니다 (記録だという言
葉があります)」という表現を使っていますが、「～는 말이 있습니다」は、話
題提供をするために、何かを引用する時によく使う言い方で、「今から言うのは
自分の話ではなく、世間一般的に言われていることですが」と前置きの意味で
よく使われる表現です。

　　次の (ㄴ) ですが、次の行の「반드시 그것이 옳은 것도 아니고～ (必ずしも
それが正しいわけではなく～)」という言い方を踏まえ、「역사에 남아 있다고
해서 (歴史に残っているからと言って)」と照らし合わせると、「반드시 좋은
것만도 아니다/반드시 옳은 것만도 아니다 (必ずしも正しいわけではない)」
のような内容を書けばよいというのが分かってくると思います。

〈問題14〉

※다음을 읽고 (ㄱ)과 (ㄴ)에 들어갈 말을 각각 한 문장으로 쓰십시오. 각 10점

51.

지갑을 찾습니다

오늘 아침 10시쯤 학교 화장실에서 지갑을 잃어버렸습니다. 지갑은 파란색이고 (ㄱ). 돈은 잃어버려도 괜찮습니다만 신분증은 꼭 (ㄴ). 제가 다음 주에 외국을 나가야 되기 때문에 신분증이 꼭 필요합니다. 도와주시면 고맙겠습니다.

52.

추우면 감기에 잘 걸린다는 것은 과학적인 사실이다. 추운 날씨에 몸이 노출되면 (ㄱ), 체온이 내려가게 되면 사람의 몸이 바이러스 확산에 적합한 환경으로 바뀌게 되기 때문이다. 즉 체온이 내려가게 되면 바이러스 확산을 막아주는 인터페론이라는 물질도 제대로 분비가 안 되고 또한 (ㄴ). 실제로 체온이 1℃ 내려가면 면역력도 40% 정도 떨어지는 것으로 나타난다.

※次を読んで（ㄱ）と（ㄴ）に入る表現をそれぞれ1文で書いて下さい。各10点

51.

財布を探しております

今朝10時頃、学校のトイレで財布をなくしてしまいました。財布の色は青で、（　　ㄱ　　）。お金は無くなってもかまいませんが、身分証明書はぜひ（　　ㄴ　　）。来週外国に行かなければならないので、身分証明書が必ず必要です。お助けいただければ幸いです。

52.

　　寒いと風邪によくかかるのは、科学的な事実である。寒さに体がさらされると（　　ㄱ　　）、体温が下がると、人の体がウイルスの拡散に適した環境に変わるからである。つまり体温が下がると、ウイルスの拡散を防いでくれるインターフェロンという物質もしっかり分泌がされなくなり、また（　　ㄴ　　）。実際に体温が1℃下がると免疫力も40%程度落ちることが明らかになっている。

51.（ㄱ）には「돈과 신분증이 들어 있습니다（お金と身分証が入っています）」のような文が、（ㄴ）は「돌려주시면 고맙겠습니다（返して頂けるとありがたいです）」のような文が適切かと思われます。

　　まず（ㄱ）ですが、次の行でお金と身分証明書について詳しい追加説明が行われているので、財布の中に何が入っていたかを説明する内容になればよいということが分かります。

　　次の（ㄴ）ですが、ぜひ身分証明書はと言っているので、普通に考えると、返してほしいという内容が続きます。

52. （ㄱ）は「체온이 내려가게 되는데（体温が下がるようになるが）」が、（ㄴ）は「면역력도 같이 떨어진다（免疫力もともに落ちる）」が正解です。

まず（ㄱ）ですが、この文では風邪のメカニズムとして、「추운 날씨에 몸이 노출된다（寒さに体がさらされる）」→「체온이 내려가게 된다（体温が下がるようになる）」→「몸이 바이러스 확산에 적합한 환경으로 바뀐다（体がウィルス拡散に適した環境に変わる）」のようなサイクルになることを指摘しているので、（ㄱ）には、2番目のステップを書けばよいということになります。

次の（ㄴ）ですが、体温が下がったら出てくる現象には2つあって、1つ目がインターフェロンという物質の分泌低下、もう1つが（ㄴ）ということになっています。最後の文を参考にすると、もう1つの現象は、免疫力の低下というのが推察可能だと思います。「면역력도 떨어진다（免疫力も落ちる）」だけでもよいですが、「같이 떨어진다（ともに落ちる）」と書くとさらに印象はよいと思います。

原稿用紙の書き方

さて、このあと、쓰기試験の53番、54番の説明をしていきますが、53番と54番は、原稿用紙に答案を書くことになります。簡単に原稿用紙の書き方を紹介したいと思います。

書き方例（1）

ルール②　ルール①　ルール⑥

한국청소년협회가　남녀　고등학생　　2,0
00명을　　대상으로　　'대학은　꼭　　가야　하
는가'에　대한　의식　　조사를　　실시하였다.
　가야　된다고　　대답한　남학생이　76%인
데　비해　여학생은　64%였다.　그리고　안
가도　된다고　　대답한　　비율은　　남학생이
24%,　여학생이　36%로　남학생이　오히려
적었다.　대학에는　　꼭　　가야　된다고　대답
한　이유에　대해서　남학생은　1위가　좋
은　곳에　취직하기　위해서,　2위가　남들
도　다　가니까라고　대답한　반면　여학생
은　1위가　남들도　다　가니까,　2위가
안　이의식조사의　결과를　보면　확실한
이유도　없이　대학에　가는　학생이　많음
을　알　수　있다.

ルール⑤（24%）　ルール③（안）　ルール④（, 2위가）

100　200　300

ルール①　分かち書きは1マスあける
ルール②　クオーテーションマークは全角1マスとる
ルール③　段落が変わるときのみ1字下げをする
　　　　　分かち書きで1マスあけたくても、左端にくるときは左に詰めてよい。
ルール④　ピリオド、カンマは全角1マスをとる。一番右に来てしまう場合は、
　　　　　改行せずに、1マスに収めてもよい。
ルール⑤　算用数字は2桁は半角で、1マスにおさめる
ルール⑥　4桁以上の算用数字は 2 ,0 00 となる。3桁は 5 00 となる。
ルール⑦　クオーテーションマークとカンマが続くときは、1マスに入れる。

136

　최근　한국　사회에　혼자　밥을　먹는
'혼밥',　혼자　술을　먹는　'혼술',　혼자　여
행을　가는　'혼행'이　유행이라고　한다.
그　배경으로는　1인　가구가　늘어나고
있는　것이　이유로　보이는데　한국의　1
인　가구는　현재　500만　가구를　넘어서
네　집　중의　한　집이　1인　가구가
되어　가고　있다.
　한편　1인　가구가　늘어나는　것은　더
이상　결혼이　필수가　아니고　선택이라고
생각하는　사람이　늘고　있다는　점,　여성
의　사회적　지위가　향상되어　혼자　사는
여성이　늘어나고　있다는　점,　그리고　개
인주의가　확산되고　있는　점　등이　그
이유로　보여진다.
　유산소　운동　방법에는　여러　가지가
있다.　20대~30대　초반은　빨리　걷기,　조
깅,　자전거　타기와　무산소　운동을　병행
한다.　그리고　30대　중반에서　40대는　걷
기,　조깅,　자전거　타기에　앉았다　일어서
기　등을　병행한다.　그리고　50대　이상은
걷기,　천천히　조깅에　맨손　체조　등을
병행한다.　1주에　3~5회로　1회에　30
분　정도하는　것은　다　똑같다.　그리고
걷기,　조깅,　자전거　타기　등도　똑같다.
　이와　같이　유산소　운동　방법에는　여
러　가지가　있는　것으로　나타났다.

ルール④

100
200
300
400
500
600
700

137

Ⅱ 쓰기 53번

〈問題1〉

53.

※다음 표를 보고 무인 운전 자동차의 장단점에 대해서 쓰고 무인 운전 자동차를 잘 사용하려면 어떻게 해야 하는지를 200~300자로 쓰십시오. 30점

무인 운전 자동차의 장단점

무인 운전 자동차의 장점	무인 운전 자동차의 단점
·누구나 다 쉽게 이용할 수 있다. ·이동 시간을 유익하게 쓸 수 있다.	·고장에 적절하게 대처할 수 없다. ·사고가 날 경우 치명적이다.

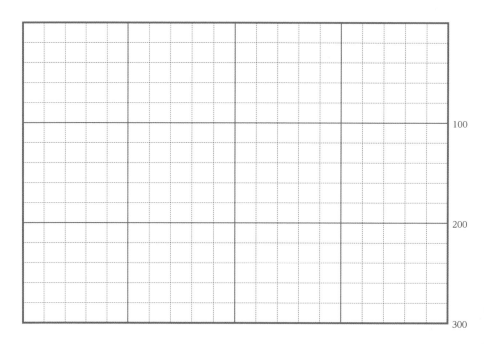

100

200

300

解答文 I

무인 운전 자동차에는 장단점이 있다. 무인 운전 자동차의 장점은 누구나 다 쉽게 이용할 수 있다. 그리고 이동 시간을 유익하게 쓸 수 있다.

그러나 무인 운전 자동차의 단점은 고장에 적절하게 대처할 수 없다. 그리고 사고가 날 경우 치명적이다. 무인 운전 자동차를 잘 사용하기 위해서는 고장에 적절하게 대처해야 한다. 그리고 사고가 안 나게 해야 한다.

무인 운전 자동차는 장점도 있고 단점도 있다. 그래서 장점을 살려서 잘 사용해야 한다.

解答文 II

무인 운전 자동차를 잘 사용하려면 장점과 단점을 잘 알아 두어야 한다. 먼저 무인 운전 자동차는 누구나 다 쉽게 이용할 수 있고 또 이동 시간을 유익하게 쓸 수 있다는 장점이 있다.

그러나 그에 비해 사고에 적절히 대처할 수 없을 뿐만 아니라 사고가 날 경우 치명적이라는 단점이 있다. 따라서 무인운전 자동차를 잘 사용하려면 고장에 적절하게 대처하고 사고가 나지 않도록 하는 것이 중요하다. 무인 운전 자동차는 장점을 가지고 있지만 단점도 있는 것이다.

그러므로 무인 운전 자동차를 탈 때는 장점은 잘 살리고 단점은 유의하여 사용하여야 한다.

53.

※次の表を見て自動運転車の良いところと悪いところについて書き、自動運転車を上手に使うためにはどうすればよいのかを 200~300字で書いて下さい。30点

自動運転車の長短所

自動運転車の長所	自動運転車の短所
・誰でも簡単に利用できる。 ・移動時間を有益に使える。	・故障に適切に対応できない。 ・事故が起きたら致命的だ。

解答文 I

　自動運転車には、長所と短所がある。自動運転車の長所は、誰でも簡単に利用することができる。そして移動時間を有意義に使うことができる。

　しかし、自動運転車の短所は、故障に適切に対処することができない。そして、事故が発生したら致命的だ。自動運転車を上手に使用するためには、故障に適切に対処しなければならない。そして事故が起こらないようにしなければならない。

　自動運転車は長所もあり短所もある。だから長所を生かして上手に使用するようにしなければならない。

解答文 II

　自動運転車を上手に使用するには、長所と短所をよく理解しなければいけない。まず、自動運転車は誰でも簡単に利用でき、また、移動時間を有意義に使うことができるという長所がある。

　しかし、それに比べて、事故に適切に対処することができないだけでなく、事故が発生したら、致命的という短所がある。したがって、自動運転車を上手に使用するには、故障に適切に対処して、事故が起こらないようにすることが重要である。自動運転車は長所もあるが、短所も持っている。

　したがって、自動運転車に乗るときは、よいところは上手く生かし、悪いところはよく留意して使用しなければならない。

解 説

　53番問題の得点目標は15点です。30点が満点ですから、半分は点を取りましょうということです。問題文を丸写しすると10点止まりになる可能性が大きくなります。ですから、あと5点を取るためには、冒頭の部分か、つなぎの部分か、または最後のまとめの部分かのどこかでオリジナリティのあるものを書き加えなければなりません。上記の解答文Ⅰでのオリジナルは、「무인 운전 자동차를 잘 사용하기 위해서는 고장에 적절하게 대처해야 한다. 그리고 사고가 안 나게 해야 한다(自動運転車を上手に使用するためには、故障に適切に対処しなければならない。そして事故が起きないようにしなければならない)」のところです。これで15点以上は確実だと思います。それに対して解答文Ⅱのよいところは、さらにつなぎの部分に力を入れ、「그에 비해(それに比べて)」や「〜ㄹ/을 뿐만 아니라(〜するだけでなく)」のような表現を組み入れているところです。このように書けたら、25点以上は確実に取れると思います。この問題1のように、長所短所や賛成反対、男性と女性のように、対称的な2つのことを比較するようなタイプの問題では、その中身が1つのみということはないので、今申し上げたとおり、「그에 비해(それに比べて)」「반면(反面)」「〜ㄹ/을 뿐만 아니라(〜するだけでなく)」のような表現を使うと効果的です。

• •

〈問題2〉

53.

※최근 일부 학교에서 명품 브랜드 교복을 입게 하고 있습니다. 다음 표를 보고 찬성과 반대의 입장을 쓰고 이에 대한 자신의 입장을 200～300자로 쓰십시오. 30점

명품 브랜드 교복의 착용

찬성하는 입장	반대하는 입장
• 모교에 대하여 자부심을 가진다. • 패션 감각을 익힐 수 있다.	• 다른 교복에 비해 비싸다. • 차별 의식을 조장한다.

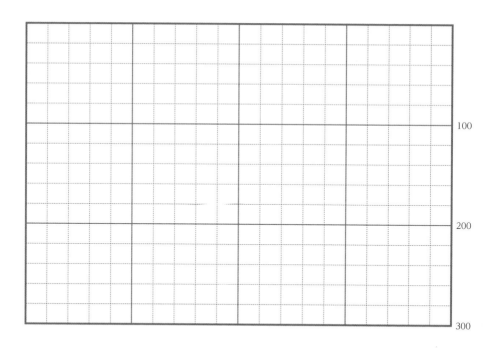

						100
						200
						300

解答文 I

　명품 브랜드 교복에 대해 찬성과 반대의 입장이 있다. 찬성하는 입장은 모교에 대하여 자부심을 가진다. 그리고 패션 감각을 익힐 수 있다. 반대하는 입장은 다른 교복에 비해 비싸다. 그리고 차별의식을 조장한다.

　이러한 두 주장은 다 맞다. 하지만 찬성하는 입장이 있어도 명품 브랜드 교복을 착용해서는 안 된다.

　왜냐하면 장점보다 단점이 더 많기 때문이다.

解答文 II

　명품 브랜드 교복의 착용에 대해서는 찬성과 반대 양쪽의 입장이 대립하고 있다. 먼저 찬성론자들은 명품 브랜드 교복이 모교에 대해 자부심을 가지게 하고 패션 감각을 익힐 수 있게 한다고 주장한다. 반면에 반대론자들은 다른 교복에 비해 비쌀 뿐만 아니라 차별 의식을 조장한다고 주장한다.

　따라서 찬성하는 입장이 있는 것도 사실이지만 명품 브랜드 교복은 다시 생각해 보아야 한다. 왜냐하면 긍정적인 면보다 부정적인 면이 더 많기 때문이다.

日本語の訳

53.

※最近一部の学校で高級ブランド制服を着せています。次の表を見て賛成と反対の立場を書き、それに対する自分の考えを 200～300字で書いて下さい。
30点

高級ブランド制服の着用

賛成する立場	反対する立場
・母校に対してプライドを持つ。 ・ファッション感覚を養える。	・他の制服に比べて高い。 ・差別意識を助長する。

解答文Ⅰ

　高級ブランド制服に賛成と反対の立場がある。賛成する立場は母校に対してプライドを持つ。そしてファッション感覚を身につけることができる。反対する立場は、他の制服に比べて高い。そして差別意識を助長する。

　これら2つの主張は両方正しい。しかし、賛成する立場があっても、高級ブランド制服を着用してはならない。

　なぜなら長所より短所が多いからである。

　高級ブランド制服の着用については、賛成と反対、両方の立場が対立している。まず、賛成論者は、高級ブランド制服が母校に対してプライドを持たせ、ファッション感覚を身につけることができるようになると主張する。一方、反対論者は、他の制服に比べて高価になるだけでなく、差別意識を助長すると主張する。

　したがって賛成する立場があるのも事実だが、高級ブランド制服は考え直さなければならない。なぜかというと、肯定的な面よりも否定的な面が多いからである。

●賛成、反対の意見を拾って文にする

　この問題2のように、何かのテーマがあって、それに対して賛成の意見、反対の意見が並んでいる場合には、まずは忠実にそこに書いてある賛成、反対の意見を拾って文にすることです。その時に、内容のことがあまり分からなかったり、理解出来なかったりしたら、書いてある通りの内容をそのまま「〜이/가 있다（〜がある）」「찬성하는 입장은 〜이다（賛成する立場は〜だ）」とほぼ丸写ししてかまいません。解答文Ⅰがそれに近い形になっていますが、それでも最低10点は取れるからです。ただ、その場合であっても、自分が賛成の立場を取るのか、反対の立場を取るのかによって、自分の意見を言ったり、最後のまとめの内容にそれを書いたりしなければならないので、そこだけ気を付けて矛盾しないように書く必要があります。そのような書き方をしておけば、例えば解答文Ⅱのように、さらに加点され、15点は確実に取れると思います。

　解答文Ⅱは、間違いなく25点以上取れる内容になっていますが、Ⅰと比べて変わっているのは、まず、「찬성과 반대 양쪽의 입장이 대립하고 있다（賛成と反対、両方の立場が対立している）」、「찬성론자들은 〜라고 주장한다（賛成論者は〜と主張する）」、「반면에 반대론자들은 〜라고 주장한다（反対論者は〜と主張する）」のような説明の仕方です。それから、「그러나 찬성론자들이 주장하는 모교에 대한 자부심이나 패션 감각 등은 그렇지 않을 수도 있다（しかし賛成論者たちが主張する母校に対するプライドやファッション感覚などはそうではない可能性もある）」のように、賛成または反対をする自分の意見を言った

り、「<u>따라서</u> 찬성하는 입장이 있는 것도 <u>사실이지만</u> 명품 브랜드 교복은 다시 <u>생각해 보아야 한다</u>. 왜냐하면 긍정적인 면보다 부정적인 면이 더 많기 때문이다(したがって賛成する立場があるのも事実だが、高級ブランド制服は考え直さなければならない。なぜなら、肯定的な面よりも否定的な面がより多いからである)」のように、賛成や反対の意見に加えて自分の意見を出していったりしているところです。そうすることによって話に膨らみが出てきて、いい文章として仕上がっていくのです。

●●

〈問題３〉

53.

※다음 표를 보고 음식점에서의 전면 금연에 대한 찬성과 반대의 입장을 쓰고 금연에 대한 자신의 입장을 200~300자로 쓰십시오. 30점

음식점에서의 전면 금연

찬성하는 입장	반대하는 입장
· 담배 연기를 마시고 싶지 않다. · 음식 맛이 떨어진다.	· 식사 후에 꼭 담배를 피워야 한다. · 담배는 내 권리이다.

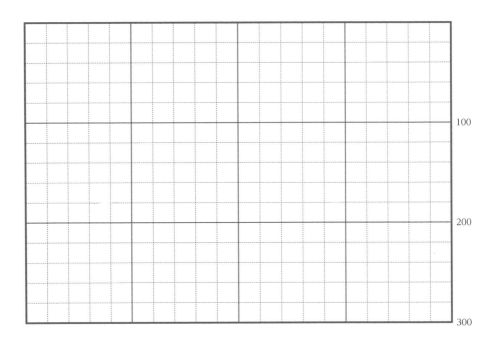

		100
		200
		300

解答文 I

　음식점에서의 전면 금연에 대해 찬성과 반대의 입장이 있다. 찬성하는 입장은 담배 연기를 마시고 싶지 않다. 그리고 음식 맛이 떨어진다. 반대하는 입장은 식사 후에는 꼭 담배를 피워야 한다. 그리고 담배는 내 권리이다.

　이러한 두 주장은 다 맞다. 하지만 반대하는 입장이 있어도 음식점에서 담배를 피워서는 안 된다.

　왜냐하면 장점보다 단점이 더 많기 때문이다.

解答文 II

　음식점에서의 전면 금연에 대해 찬성과 반대 양쪽의 입장이 대립하고 있다. 먼저 찬성론자들은 음식점에서 담배 피우는 것에 대해 담배 연기를 마시고 싶지 않으며 음식 맛이 떨어진다고 주장

146

한다. 반면에 반대론자들은 식사 후에는 꼭 담배를 피워야 하며 그것도 내 권리라고 주장한다.

　그러나 전면 금연을 반대하는 입장이 있는 것도 사실이지만 음식점에서의 전면 금연은 실시해야 한다. 왜냐하면 부정적인 면보다 긍정적인 면이 더 많기 때문이다.

日本語の訳

53.

※次の表を見て飲食店での全面禁煙についての賛成と反対の立場を書き、禁煙に対する自分の考えを 200〜300字で書いて下さい。 30点

飲食店での全面禁煙

賛成する立場	反対する立場
・タバコの煙を吸いたくない。 ・食べ物の味が落ちる。	・食後にはタバコを吸わないではいられない。 ・タバコは自分の権利だ。

解答文 I

　飲食店での全面禁煙に賛成と反対の立場がある。賛成する立場はタバコの煙を吸いたくない。そして食べ物の味が落ちる。反対する立場は食後、タバコを吸わないではいられない。そしてタバコは自分の権利である。

　これら2つの主張はいずれも正しい。しかし、反対する立場であっても飲食店でタバコを吸ってはならない。

　なぜなら長所より短所の方が多いからである。

解答文 II

　飲食店での全面禁煙に賛成と反対、両方の立場が対立している。まず、賛成論者は、飲食店でタバコを吸うことについて、タバコの煙を吸いたくないし、食べ

147

物の味が落ちると主張する。一方、反対論者は、食事の後には、必ずタバコを吸わないではいられないし、それも自分の権利と主張する。

　しかし全面禁煙に反対する立場があるのも事実だが、飲食店での全面禁煙は実施しなければならない。なぜなら否定的な面よりも肯定的な面がより多いからである。

解　説

●全体の流れをよくする

　この問題の解答文Ⅰは、10点取るのがやっとかもしれません。なぜかというと、間違いを書いているわけではありませんが、日本語訳を読んでお気づきのように、文のつながりが悪く、読みにくい文になっているからです。でも、逆に言うと、これでも10点は取れるということにもなります。それに対して、解答文Ⅱは、主語と述語がしっかりしており、読んでいて全体的に一気に読めます。確実に25点以上取れる内容になっていると思います。具体的に解答文Ⅰから何が変わったかというと、「찬성과 반대 양쪽의 입장이 대립하고 있다 (賛成と反対、両方の立場が対立している)」、「찬성론자들은 ～라고 주장한다 (賛成論者は～と主張する)」、「반면에 반대론자들은 ～라고 주장한다 (反対論者は～と主張する)」のような言葉や表現を入れているところです。読んでいて大人の文というような印象を受けます。

　この問題3の内容は、タバコがテーマですから、お互いに立場が対立しているという表現が使いやすかったのですが、対立という言葉が使いづらいテーマであっても、「～는 입장도 있고 ～는 입장도 있다 (～という立場もあるし、～という立場もある)」や「～라고 (생각)하는 사람도 있고 ～라고 (생각)하는 사람도 있다 (～という人もいるし、～という人もいる／～と考える人もいるし、～と考える人もいる)」のような表現なら使えるので、そこで自分のオリジナリティを出した方がいいと思います。対称的な2つの考え方や意見、現象などが問題として出題される場合には、このような表現を使った方が効果的だと思います。

●●

〈問題4〉

53.

※이번 여름 방학 때 일본으로 단기 유학을 가려고 합니다. 다음 도표를 참고하여 유학 일정과 내용을 200~300자로 쓰십시오.

30점

7월 1일		7월 2일~7월 17일		7월 18일~7월 20일		7월 21일
도카이대학 도착 오리엔테이션	→	오전 일본어 수업 오후 문화 체험	→	문화 체험 여행 하코네,아타미	→	수료식 도카이대학 출발

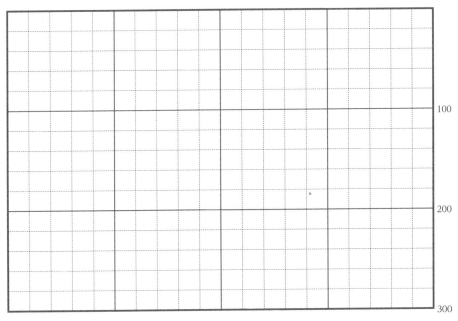

解答文 I

이번 여름 방학 때는 일본으로 단기 유학을 간다.

7월 1일에 도카이대학에 도착한다. 그리고 오리엔테이션이 있다. 7월 2일부터 7월 17일까지는 오전에 일본어 수업이 있다. 그리고 오후에 문화 체험이 있다. 7월 18일부터 7월 20일까지는 문화 체험 여행이 있다. 하코네와 아타미에 간다.

그리고 7월 21일에는 수료식이 있다. 그리고 도카이대학을 출발한다.

解答文 Ⅱ

이번 여름 방학 때는 일본 도카이 대학으로 단기 유학을 갈 계획으로 있다.

출발하는 날은 7월 1일이며 도착하는 날 바로 오리엔테이션이 있다. 그 다음 날인 7월 2일부터 7월 17일까지는 매일 수업이 있어서 오전에는 일본어 수업을 하고 오후에는 문화 체험을 할 예정이다. 수업이 끝나고 7월 18일부터 7월 20일까지는 하코네와 아타미로 현지 문화 체험 여행을 갈 계획이다.

마지막 날인 7월 21일에 수료식이 있고 그날 도카이대학을 출발하여 한국으로 귀국한다.

日本語の訳

53.

※今度の夏休みに日本に短期留学に行こうとしています。次の表を参考にして留学日程と内容を200～300字で書いて下さい。30点

7月1日	7月2日～7月17日	7月18日～7月20日	7月21日
東海大学到着 オリエンテーション	→ 午前 日本語の授業 午後　文化体験	→ 文化体験旅行 箱根、熱海	→ 修了式 東海大学出発

解答文Ⅰ

　今度の夏休みに、日本に短期留学に行く。

　7月1日に東海大学に到着する。そしてオリエンテーションがある。7月2日から7月17日までは、午前中に日本語の授業がある。そして午後には、文化体験がある。7月18日から7月20日までは文化体験旅行がある。箱根と熱海に行く。

　そして7月21日には修了式がある。それから東海大学を出発する。

解答文Ⅱ

　今度の夏休みには、日本の東海大学に短期留学に行く計画でいる。

　出発する日は7月1日で、到着した日に、すぐにオリエンテーションがある。その翌日の7月2日から7月17日までは毎日授業があって、午前中には、日本語の授業をし、午後には文化体験をする予定である。授業が終わって、7月18日から7月20日までには、箱根と熱海へ現地の文化体験旅行に行く計画である。

　最終日の7月21日に修了式があり、その日、東海大学を出発し、韓国に帰国する。

解 説

● 日程を文に変えていく

　日程とその内容を文に変えていく問題ですから、日付別に漏れなく、その内容を書いていきます。そうすると、解答文Ⅰのように、どうしても「그리고(そして、それから)」を連発するようになりますが、それでも、冒頭の導入文を書くことができて全体の日程とその内容が漏れなく書いてあれば、それだけで10点〜15点は取れると思うので、あまり自信がない場合には、そういうやり方でもよいと思います。上の解答文Ⅰの導入文では、最も単純な形を出しておきましたが、例えば「이번 여름 방학 때는 일본에 있는 도카이 대학으로 단기 유학을 갈 예정(계획)이다. 일정은 다음과 같다(今度の夏休みには日本にある東海大学へ短期留学に行く予定(計画)だ。日程は次の通りである)」と書くと、また確実に点数がアップします。ですから、日程やその内容を書く問題の場合は、問題文に書いてある内容を上手く修正して、それを導入文として書けるように心掛けましょう。

　解答文ⅡがⅠよりよいところは、日程の具体的な内容を書く時に、「그 다음날인(その翌日の)」「있어서(あって)」「하고(して)」「마지막날인(最終日の)」のような言葉や表現を入れている点です。それ程難しい言葉や表現ではありませんが、

それらを入れるだけで文の全体的な印象はまるっきり変わってきます。3級より
もさらに上を目指しているのであれば、こういう書き方が有効です。これは、検
定でよい点数を取るだけで終わるのではなく、そういう書き方をすることによっ
て、韓国語の文を書く力が格段に成長することになるわけですから、仮に韓国に
留学をしたり、仕事をしたりする時に、周りから高評価をしてもらえるよいきっ
かけとなります。検定でよい点数を取るということは、実はそういうことを意味
するのです。

• •

〈問題５〉
53.
※다음 그래프를 보고 연대별로 암 발생률과 각각의 암이 차지하
　는 비율이 어떻게 변화하고 있는지를 200～300자로 쓰십시오.
30점

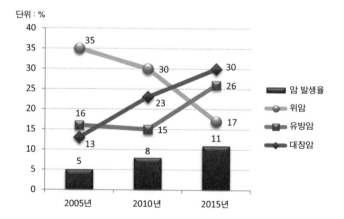

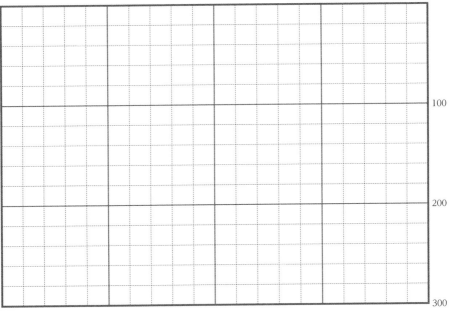

100

200

300

解答文 Ⅰ

각 연대에 따라 암 발생률과 위암, 대장암, 유방암의 비율이 변화하고 있는 것으로 나타났다.

먼저 위암은 2005년에 35%, 2010년에 30%, 2015년에 17%였다. 그리고 대장암은 2005년에 13%, 2010년에 23%, 2015년에 30%였다. 그리고 유방암은 2005년에 16%, 2010년에 15%, 2015년에 26%였다. 암 발생률은 2005년에 5%, 2010년에 8%, 2015년에 11%였다.

이와 같이 암 발생률과 위암, 대장암, 유방암이 연대에 따라 변화하고 있는 것으로 나타났다.

解答文 Ⅱ

위암, 대장암, 유방암 등이 전체 암 가운데서 차지하는 비율과 암 발생률이 연대에 따라 변화하고 있는 것으로 나타났다.

153

위암이 전체 암 가운데서 차지하는 비율은 2005년부터 점차 줄어들고 있는 데 반해 대장암은 점점 늘어나는 추세에 있는 것으로 나타났다. 그리고 유방암은 2005년과 2010년 제자리걸음이던 것이 2015년에 급격히 증가하고 있는 것으로 나타났다.

　한편 암 발생률은 2005년에 5%, 2010년에 8%, 2015년에 11%로 꾸준히 증가하고 있는 것으로 나타났다.

日本語の訳

53.

※次のグラフを見て年代別にがんの発生率とそれぞれのがんの占める比率がどのように変化しているかを200～300字で書いて下さい。 30点

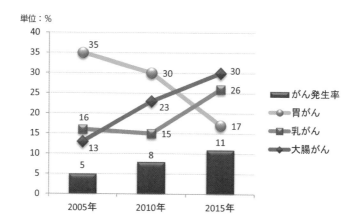

解答文 I

　各年代に応じてがんの発生率と胃がん、大腸がん、乳がんの比率が変化していることが分かった。

　まず、胃がんは、2005年に35％、2010年に30％、2015年に17％だった。そして大腸がんは、2005年に13％、2010年に23％、2015年に30％だった。そして乳がんは、2005年に16％、2010年に15％、2015年に26％だった。が

んの発生率は、2005年に5%、2010年に8%、2015年に11%だった。

　このように、がんの発生率と胃がん、大腸がん、乳がんが年代によって変化していることが分かった。

解答文Ⅱ

　胃がん、大腸がん、乳がんなどが全体のがんの中で占める比率とがんの発生率が年代によって変化していることが分かった。

　胃がんが全体のがんの中で占める割合が、2005年から次第に減っているのに対して、大腸がんはだんだん増える傾向にあることが分かった。そして、乳がんは、2005年度2010年に足踏み状態だったのが、2015年に急激に増えていることが分かった。

　一方、がんの発生率は、2005年に5%、2010年に8%、2015年に11%と着実に増加していることが分かった。

解　説

● グラフの変化を漏れなく文にする

　これは何かに対して起きている変化を説明するタイプの問題ですから、グラフに示されている変化を漏れなく書いていきます。その前にまず導入文ですが、問題文に書いてあるテーマを活用し、それが変化していることを書きます。例えば「암 발생률과 각각의 암이 차지하는 비율이 연대에 따라 변화하고 있는 것으로 나타났다(がんの発生率とそれぞれのがんの占める比率が年代によって変化していることが分かった)」のような書き方です。少し点数は落ちるかもしれませんが、こういうものでもよいと思います。「암 발생률과 각각의 암이 차지하는 비율이 연대에 따라 다르다(がんの発生率とそれぞれのがんが占める比率が年代によって異なる)」。次に年代別にどう変化しているのかを書きますが、「증가/감소(増加/減少)」、「늘어난다/줄어든다(増える/減る)」、「증가/감소 추세(増加/減少の傾向)」、「제자리걸음(足踏み)」、「대폭/소폭(大幅/小幅)」などのような言葉を入れるとより深みのある文になります。

　最後のまとめですが、これといってまとめの表現が思い浮かばない場合には、解答文Ⅰの最後にも書いたように、導入文をもう1回書く方法があります。そうすると、少なくとも間違いを書いているわけではないので、ある程度の点数は取

れることになります。

　今までの話を踏まえて上の解答文ⅠやⅡを見ていきましょう。まず解答文Ⅰは、導入文とまとめの文は書けていますが、グラフで示している年代別の数字については、あまり手を加えないで羅列的な書き方で終始しています。それでも、10点以上は取れると思います。15点以上を取ろうと思ったら何か一工夫ほしいところですが、解答文Ⅱを見ると、そのヒントがたくさん出てきます。解答文Ⅱには、オリジナリティを出している言葉や表現が随所に見られます。「점차 줄어들고 있는 데 반해（徐々に減っているのに対し）」、「점점 늘어나는 추세에 있는 것으로（段々増える傾向にあるものと）」、「제자리걸음이던 것이（～に止まっていたものが、足踏み状態だったのが）」、「급격히 증가하고 있는 것으로（急激に増加しているものと）」、「꾸준히 증가하는 것으로（着実に増加しているものと）」のような表現です。解答文Ⅱのような書き方をするとほぼ満点が取れると思います。変化の内容を書く問題の場合には、今紹介したような表現が有効です。「추세」は「趨勢」の韓国語読みの言葉で、トレンド、傾向という意味で使われます。

●●

〈問題6〉
53.

※다음 그래프를 보고 연령별로 지지 정당에 어떤 차이를 보이는지를 200～300자로 쓰십시오. 30점

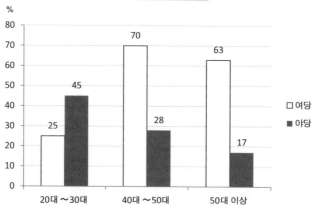

지지 정당의 차이

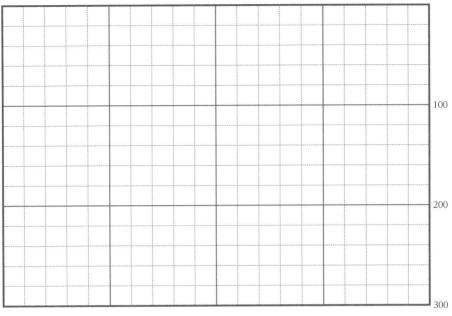

Ⅰ 쓰기
51번~52번

Ⅱ 쓰기
53번

Ⅲ 쓰기
54번

100

200

300

解答文 Ⅰ

　연령별로 지지 정당에 차이를 보이는 것으로 나타났다.
　20대~30대는 여당을 지지하는 사람이 25%이고 야당을 지지하는 사람이 45%이다. 그리고 40대~50대는 여당을 지지하는 사람이 70%이고 야당을 지지하는 사람이 28%이다. 50대 이상은 여당을 지지하는 사람이 63%이고 야당을 지지하는 사람이 17%이다.
　이와 같이 연령에 따라 지지하는 정당에 차이를 보이는 것으로 나타났다.

解答文 Ⅱ

　조사에 따르면 각 연령별로 지지 정당이 다른 것으로 나타났다. 먼저 20대에서 30대까지의 사람들 가운데는 여당을 지지하는 사람이 25%이고 야당을 지지하는 사람이 45%였다. 그에 비

157

해 40대에서 50대까지는 20대, 30대와는 반대로 여당을 지지하는 사람이 70%이고 야당을 지지하는 사람이 28%였다. 한편 50대 이상은 여당을 지지하는 사람이 63%이고 야당을 지지하는 사람이 17%였다.

이 조사를 보면 50대 이상의 야당 지지율이 가장 낮고 40대에서 50대까지의 여당 지지율이 가장 높은 것으로 나타났다. 그리고 20대에서 30대까지의 야당 지지율이 가장 높은 것으로 나타났다.

53.

※次のグラフを見て年齢別の支持政党にどんな違いを見せているのかを200～300字で書いて下さい。 30点

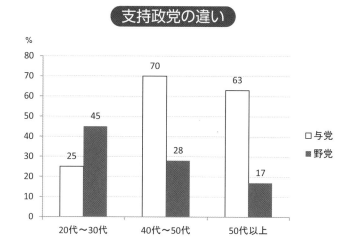

支持政党の違い

　年齢別に支持政党に違いがあることが分かった。

　20代～30代は、与党を支持する人が25%で、野党を支持する人が45%である。そして40代～50代は、与党を支持する人が70%で、野党を支持する人が28%である。 50代以上は、与党を支持する人が63%で、野党を支持する人が

17%である。

　このように、年齢に応じて支持する政党に違いがあることが分かった。

解答文Ⅱ

　調査によると、各年齢別に支持政党が異なることが分かった。まず、20代から30代までの人々の中には、与党を支持する人が25%で、野党を支持する人が45%であった。それに比べて40代から50代までは、20代、30代とは反対に、与党を支持する人が70%で、野党を支持する人が28%であった。一方、50代以上は与党を支持する人が63%で、野党を支持する人が17%であった。

　この調査を見ると、50代以上の野党の支持率が最も低く、40代から50代までの与党支持率が最も高いことが分かった。そして20代から30代までの野党支持率が最も高いことが分かった。

解 説

● グラフで示されている違いを説明する

　これはグラフで示されている何かの違いを文で書いていくタイプの問題です。違いを説明するわけですから、何がその違いを生み出しているのかをまず確認する必要があります。問題文に「연령별 (年齢別)」と書いてあるので、それが分かればスムーズに導入文が書けると思いますが、仮にその言葉の意味が分からなくても、下のグラフを見て、年齢別であることに気づかなければなりません。テーマは、年齢別に支持政党にどんな違いを見せているのか、でした。まず導入文にはその内容を書きます。15点までのレベルだったらこのようなものになると思います。

　「연령별로 지지 정당에 차이를 보이는 것으로 나타났다 (年齢別に支持政党に違いがあることが分かった)」

　これに対し、15点以上取れるであろう導入文は次の通りです。

　「조사에 따르면 각 연령별로 지지 정당이 다른 것으로 나타났다 (調査によると、各年齢別に支持政党が異なることが分かった)」

　2つを比較してお分かりのように、違うのは「조사에 따르면 (調査によると)」くらいです。でも、これだけで印象はだいぶ変わります。この場合、これは本当に調査結果なのかは重要ではありません。何度も言いますが、試験は真実を求めるものではないからです。試験は、出された資料を見てそれを読み解く力があるかないかを問うだけですから、問題として出された資料を見て、そこに書いてい

ない部分をどう料理するかは試験を受ける人の裁量に任されているのです。もちろんまったくかけ離れたものを創作したらいけませんが、このグラフを見て、「조사에 따르면」という言い方をした時に、それが間違いだと言える人は誰もいません。

　導入文が書けたところで、内容の吟味に入ります。「정당(政党)」、「여당(与党)」、「야당(野党)」という言葉の意味が分からなかったらかなり難しく感じるかもしれませんが、それであっても、少なくともグラフに書いてある項目を拾って、それぞれのパーセンテージは書けるので、上記の解答文Ⅰの真ん中に書いてあるような文は書けるはずです。仮にその中の「지지하는 사람이(支持する人が)」の意味も分からないとなったら、それも省いて次のように書くだけでも最低10点は取れます。

「20대~30대는 여당이 25%이고 야당이 45%이다. 그리고 40대~50대는 여당이 70%이고 야당이 28%이다. 50대 이상은 여당이 63%이고 야당이 17%이다」

　会議の時などに目の前にある資料を出され、その資料の意味がすぐに100%理解できるというケースは、あるかもしれませんが、そうでないこともあります。ただ、その時に全部理解できていない資料を見てどうするかだと思います。分からないからその資料を見るのをあきらめるのか、または理解できるところまでついていくのか。53番問題はその力を問う問題です。100%理解できなくても、理解できている範囲内でどのようにその資料を料理して文の形に変えていくのか、その力が問われるのです。

　解答文ⅡがⅠと違うのは、次のような表現を取り入れているところです。

「그에 비해(それに比べて)」

「20대, 30대와는 반대로(20代、30代とは反対に)」

「한편(一方)」

　それほど高難度の言葉や表現でないことが分かると思います。「~에서 ~까지」を使っているところも得点ポイントとなります。分かっていると評価してもらえるからです。解答文Ⅱのよいところは、最後のまとめの文で、しっかりグラフの結果を読み取って文に起こしている点です。どの年代で与野党の支持率が違ってくるのかを分析して書いています。このような書き方が出来たら、満点に近い点数が取れると思います。

● ●

〈問題 7〉

53.

※ 다음을 참고하여 '결혼은 꼭 해야 하는가'에 대한 글을 200～300자로 쓰십시오. 단 글의 제목을 쓰지 마십시오. 30점

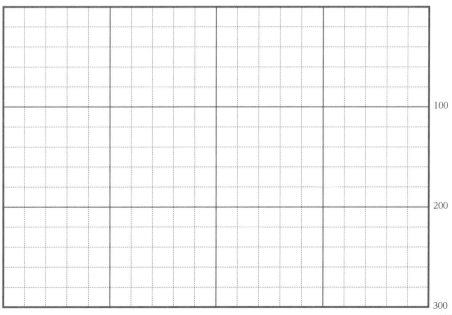

조사 기관 : 청년 문화 연구소
조사 대상 : 20대 이상 성인 남녀 3,000명

결혼은 꼭 해야 하는가

%
70
60 — 63
50 — 51
40
30 — 33 31
20
10
0
　　그렇다　　아니다
■남 ■여

'아니다'라고 응답한 이유

	남	여
1위	경제적인 여유가 없다	속박당하기 싫다
2위	자유롭게 살고 싶다	내 일을 하고 싶다

100

200

300

청년 문화 연구소에서 20대 이상 성인 남녀 3,000명을 대상으로 결혼은 꼭 해야 하는가를 테마로 조사를 실시하였다.

그렇다는 남자가 63%이고 여자가 51%이다. 아니다는 남자가 33%이고 여자가 31%이다. 아니다라고 응답한 이유는 남자가 1위 경제적인 여유가 없다. 2위가 자유롭게 살고 싶다. 여자가 1위 속박당하기 싫다. 2위 내 일을 하고 싶다.

이와 같이 결혼은 꼭 해야 하는가에 대해 남녀가 다른 것으로 나타났다.

청년 문화 연구소에서 20대 이상 성인 남녀 3,000명을 대상으로 결혼은 꼭 해야 하는가에 대하여 앙케이트 조사를 실시하였다.

먼저 그렇다는 남자가 63%, 여자가 51%였고 아니라는 남자가 33%, 여자가 31%였다. 아니라는 이유로 남자는 경제적인 여유가 없기 때문에, 자유롭게 살고 싶어서 등이라고 대답했고 여자는 속박당하기 싫어서, 내 일을 하고 싶어서 등이라고 대답했다.

이것을 보면 남녀 간의 결혼에 대한 생각이 다름을 알 수 있다.

53.

※次を参考にし、「結婚は必ずすべきか」に対する文を200〜300字で書いて下さい。ただし、文のタイトルを書かないで下さい。30点

調査機関：青年文化研究所
調査対象：20代以上の成人男女3,000人

結婚は必ずすべきか

「そう思わない」と答えた理由

	男	女
1位	経済的な余裕がない	束縛されるのが嫌だ
2位	自由に暮らしたい	自分の仕事をしたい

解答文Ⅰ

　青年文化研究所で20代以上の成人男女3,000人を対象に、結婚は必ずすべきかをテーマに調査を実施した。

　そう思うと答えた男性が63％で、女性が51％である。そう思わないと答えた男性が33％で、女性が31％である。そう思わないと回答した理由は、男性の1位が経済的な余裕がない。2位が自由に生きたい。女性の1位が、束縛されるのが嫌だ。2位が自分の仕事をしたい。

　このように結婚は必ずすべきかについて、男女が異なることが分かった。

解答文Ⅱ

　青年文化研究所で20代以上の成人男女3,000人を対象に、結婚は必ずすべきかについて、アンケート調査を実施した。

　まず、そうだは、男性が63％、女性が51％で、そう思わないは、男性が33％、

女性が31％だった。そう思わないについての理由として、男性は、経済的な余裕がないから、自由に生きたいから、などと答えており、女性は束縛されるのが嫌だから、自分の仕事をしたいから、などと答えた。

　これを見ると男女間の結婚に対する考え方が違うのが分かる。

解　説

　これはグラフや図で示されている男女間の認識の違いに関する資料を文で書いていく問題です。問題文に「단 글의 제목을 쓰지 마십시오（ただし、文のタイトルを書かないで下さい）」と書いてありますが、タイトルを書くことで1行使うということをしないで下さいという意味であって、タイトルを書いてはいけないということではありません。

●導入文

　さて、導入文ですが、調査機関と調査対象が明記されているので、まずはそれを書くことから始めた方がよいです。例えば、次のような書き方です。

　「청년 문화 연구소에서 20대 이상 성인 남녀 3,000명을 대상으로 결혼은 꼭 해야 하는가에 대하여 조사를 실시하였다（青年文化研究所で20代以上の成人男女3,000名を対象に、結婚は必ずすべきかについて調査を実施した）」

　上の文に書いてある「〜에 대하여（〜について）」が思いつかないのであれば、それを省いて「3,000명을 대상으로 조사하였다（3,000名を対象に調査した）」だけでもいいと思います。それでもある程度の点数は取れるからです。この導入文で最も大事なのは、最後の「(앙케이트) 조사를 실시하였다（（アンケート）調査を実施した）」です。これは書かなければなりません。ですから、検定試験の53番問題で「조사（調査）」のようなものが出てきたら、導入文に必ず「〜 조사를 실시하였다（〜調査を実施した）」と書いた方がよいです。または、次のような導入文もいいと思います。

　「청년 문화 연구소에서 20대 이상 성인 남녀 3,000명에게 결혼은 꼭 해야 하는가를 물어보았다（青年文化研究所で20代以上の成人男女、3,000名に結婚は必ずすべきかを聞いた）」

　これは、問題文に書いてある「조사（調査）」という言葉を使っていないので、むしろ高得点をもらえるかもしれません。

●各項目の詳しい説明

　次に、各項目の詳しい説明ですが、この問題は男女間の考え方の違いを比較するタイプの問題なので、書いてある数字の読み方や比較されている内容の読み方

が大事になってきます。この問題では、結婚は絶対すべきかという質問に対して、「はい」と答えている人が、男性63%、女性51%になっていますが、その違いをどう解釈するかは、受験者の自由です。あまり変わらないと見てもいいですし、相当違うと言ってもかまいません。要は、それに見合う説明の仕方をすればよいだけなのです。上記の数字の違いを重く受け止めるのであれば、次のような書き方になります。

「결혼은 꼭 해야 하는가라는 질문에 대해 20대 이상 남자의 63%가 해야 한다고 대답한 데 비해 여자는 그보다 12%나 적은 51%만 해야 한다고 대답했다(結婚は必ずすべきかという質問に対して、20代以上の男性の63%がすべきと答えたのに対して、女性はそれよりも12%も少ない51%のみがすべきと答えた)」

上の解答の中に出てくる「~나 적은(~も少ない)」や「~만(のみ、だけ)」は、ここでは少ない数字を強調する働きをしていますが、基本は、数字や数量を強調する働きをする表現なので、違いを表現する時には有効な言い方となります。一方、それと反対で数字の違いにそれほど重点を置かない場合には、解答文Ⅱのような言い方となります。また、比較の対象になっている2つのグループの間に、あまり数字の開きがない場合には、次のような言い方を使うとよいでしょう。

「한편 꼭 결혼을 해야 하는 것은 아니다라고 응답한 20대 이상 남자가 33%인 데 비해 여자도 31% 정도로 별 차이가 없었다(一方、必ずしも結婚しなければいけないわけでもないと答えた20代以上男性が33%なのに対して、女性も31%程度になっており、あまり差がなかった)」

「한편 결혼을 꼭 해야 하는가라는 질문에 대해 아니다라고 응답한 20대 이상 남자가 33%인 데 비해 여자도 31% 정도로 비슷한 반응이 나왔다(一方、結婚は必ずすべきかという質問に対して、そう思わないと答えた20代以上男性が33%なのに対して、女性も31%程度で、似たような反応になった)」

次の「結婚しなくてもよいと答えた理由」についての書き方ですが、解答文Ⅰで理由を書いているところを見てほしいのですが、問題文に書いてある通りの内容をほぼ丸写ししています。間違いではないので、それなりの点数は取れると思います。しかし理由ということになっている以上、各1位、2位は、理由を表す表現で締めくくるようにした方が読んでいて気持ちのいい文になります。次のような構造だからです。

「꼭 결혼 안 해도 된다고 응답한 이유는 첫 번째는 경제적인 여유가 없기 때문이고 두 번째는 자유롭게 살고 싶기 때문이다(必ずしも結婚しなくても

よいと答えた理由は、1つ目は、経済的な余裕がないからであり、2つ目は、自由に生きたいからだ)」

「꼭 결혼 안 해도 된다고 응답한 이유는 첫 번째는 속박당하기 싫어서이고 두 번째는 내 일을 하고 싶어서이다(必ずしも結婚しなくてもよいと答えた理由は、1つ目は、束縛されたくないからで、2つ目は、自分の仕事をしたいからだ)」

●まとめ

最後に、まとめの書き方ですが、全部を書く必要はないので、書きたいと思う内容を1つか2つくらい選んでそれをまとめていきます。解答文Ⅱのような例です。解答文Ⅰのようなまとめ方もありますが、それ程高得点は望めないので、少し付け加えるならば次のようなものになります。

「이와 같이 결혼은 꼭 해야 하는가에 대해 남녀가 비슷하게 생각하는 점도 있지만 다르게 생각하는 점도 있는 것으로 나타났다(このように、結婚は必ずすべきかに対して、男女が似たような考え方を持つところもあるけれども、違う考え方を持っているところもあることが分かった)」

理想は解答文Ⅱのようなまとめ方ですが、このようなまとめ方であっても一定の点数は取れます。

• •

〈問題8〉

53.

※다음을 참고하여 '국내 수입차 판매 현황'에 대한 글을 200～300자로 쓰십시오. 단 글의 제목을 쓰지 마십시오. 30점

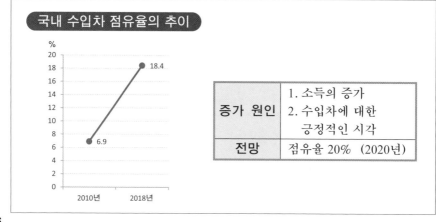

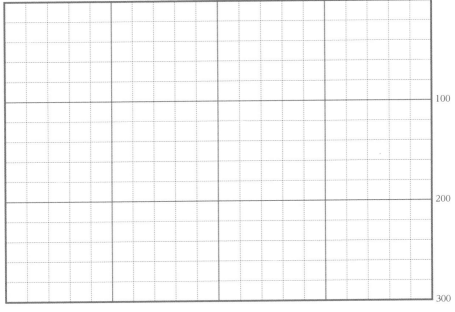

Ⅰ 쓰기
51번~52번

Ⅱ 쓰기
53번

Ⅲ 쓰기
54번

100

200

300

解答文 Ⅰ

　국내 수입차 점유율이 변화하고 있는 것으로 나타났다. 2010 년에는 6.9%이고 2018년에는 18.4%였다. 2018년에 증가한 원인으로는 소득의 증가와 수입차에 대한 긍정적인 시각을 들 수 있다. 2020년에는 점유율이 20%가 될 것이다.

　이와 같이 국내 수입차 점유율이 연대에 따라 변화하고 있는 것 으로 나타났다.

解答文 Ⅱ

　최근 들어 수입차의 점유율이 급증하고 있다. 2010년에 6.9% 였던 국내 수입차 점유율이 2018년에는 18.4%를 기록하여 불 과 5년 만에 배를 뛰어 넘는 상승세를 보였다.

　이러한 증가의 주요 원인으로는 국민 소득이 증가된 점을 들 수 있는데 그 외에 국민들의 수입차에 대한 시각이 긍정적으로 바뀐

점도 점유율 증가에 많은 영향을 끼친 것으로 보인다. 이러한 추세가 계속된다면 다가오는 2020년에는 점유율이 무려 20%에 달할 것으로 전망된다.

53.

※次を参考にして「国内の輸入車販売現況」についての文を200〜300字で書いて下さい。ただし、文のタイトルを書かないで下さい。 30点

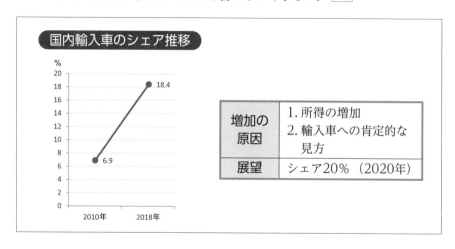

解答文 I

　国内輸入車のシェアが変化していることが分かった。2010年には6.9％で、2018年には18.4％であった。 2018年に増加した原因としては、所得の増加と輸入車に対する肯定的な見方を挙げることができる。 2020年にはシェアが20％になるだろう。
　このように、国内の輸入車シェアが年代によって変化していることが分かった。

解答文 II

　最近になって、輸入車のシェアが急増している。 2010年に6.9%だった国内の輸入車シェアが2018年には18.4%を記録し、わずか5年で倍を超える上昇を見せた。

　これらの増加の主な原因としては、国民所得が増加したことが挙げられるが、そのほかに、国民の輸入車に対する見方が肯定的に変わった点もシェア増加に多くの影響を及ぼしたものと見られる。この傾向が続けば、来る2020年にはシェアが実に20%に達するものと予想される。

解　説

● 韓国国内の輸入車シェアの推移を文にする

　この問題8は、韓国国内の輸入車シェアの推移をもとに、なぜそのような変化が起きているのか、その理由や今後の展望はどうなのかをまとめていく、いわば変化型の応用バージョンのような問題です。ですから、書き方としては、まず変化を捉える内容から始め、理由、展望を順に書いていくことになります。

● 導入文

　導入文ですが、まずは、解答文Iのように、単純にシェアが変化していると書く方法があります。高得点は期待出来ませんが、ある程度の点は取れます。しかし問題のグラフに目盛りの年度が2つしかなく、数字が倍増している点に着眼すると、解答文IIのような書き方が出来ます。「추이 (推移)」の意味が分かるかが問題ですが、分からなくてもグラフがあって、そこに数字が大きく変わっているのが分かるから、変化を書けばよいのだということに気づかなければなりません。上記の解答文IIでは、「급증 (急増)」を使っていますが、「급격히 증가하고 있다 (急激に増加している)」でもかまいません。

　一方、問題文のように、項目2つの間で増加傾向を見せる時には、「상승세 (「上昇勢」のハングル読み) 에 있다/상승세를 보였다 (上昇傾向にある/上昇傾向を見せている)」や「증가세 (増加勢) 에 있다/증가세를 보이고 있다」などの表現を使い、減少傾向の時には、「하강세 (下降勢) 에 있다/하강세를 보였다」や「하락세 (下落勢) 에 있다/하락세를 보이고 있다」などの表現を使うと有効です。

● 急増の原因

　次に、その急増の原因ですが、2つあるので、それを書く時には解答文Iのように単純に「～과/와 ～을/를 들 수 있다 (～と～を挙げることができる)」の形で羅列する方法と、解答文IIのように、まず1つ目を挙げて、2つ目を「그 외에

169

（そのほかに）」、「다른 원인으로는（他の原因としては）」のような表現を使い、付け加えていく方法があります。２つの原因のことを書く時に、どちらが主原因でどちらが２番目の原因なのかは重要ではありません。それをどう捉えるかは、資料を見て読み取る人の裁量なのです。

● まとめ

　最後のまとめですが、この問題には展望という項目がついているので、それをまとめとして使います。展望ですから、「예상된다（予想される）」が最も適切な言い方となります。

• •

〈問題９〉

53.

※ 다음을 참고하여 '1인당 연간 쌀 소비량'에 대한 글을 200～300자로 쓰십시오. 단 글의 제목을 쓰지 마십시오. 30점

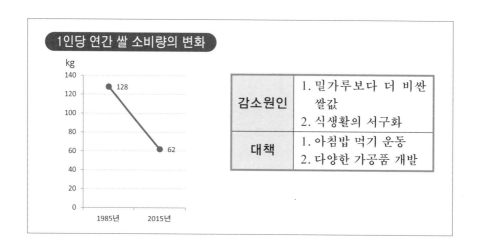

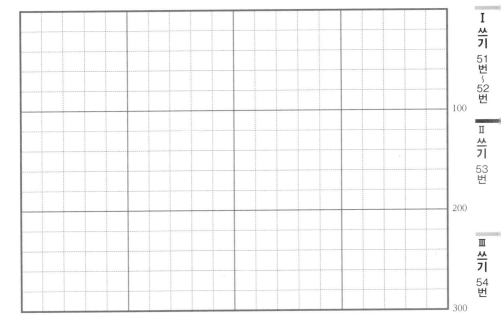

解答文 Ⅰ

　1인당 연간 쌀 소비량이 변화하고 있는 것으로 나타났다. 1985년에는 128kg이고 2015년에는 62kg이다. 30년 사이에 1인당 연간 쌀 소비량이 많이 줄어든 것이다. 감소 원인으로서는 첫 번째가 밀가루보다 더 비싼 쌀값이다. 그리고 두 번째 원인이 식생활의 서구화이다. 쌀 소비량 감소의 대책으로서는 아침밥 먹기 운동과 다양한 가공품 개발이 있다.

解答文 Ⅱ

　최근 들어 쌀 소비량이 급감하고 있는 것으로 나타났다. 1985년에는 1인당 연간 쌀 소비량이 128kg였던 것이 2015년에 62kg를 기록하여 30년 사이에 무려 반으로 줄어들었다. 이렇게 급격하게 감소한 것은 뭐니 뭐니 해도 식생활의 서구화로 인한 영향이 크다. 그 외의 원인으로서는 밀가루보다도 더 비싼 쌀값도 생각해 볼 수 있다.

　이렇게 급격하게 줄어든 쌀 소비량을 늘리기 위해서는 아침밥 먹기 운동이라든지 쌀을 이용한 다양한 가공품을 개발한다든지 하는 대책이 필요하다.

53.

※次を参考にして「１人当たりの年間コメ消費量」の文を200～300字で書いて
　下さい。ただし、文のタイトルを書かないで下さい。30点

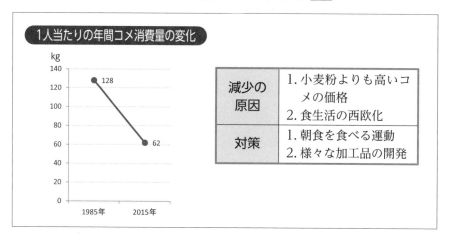

解答文Ⅰ

　１人当たりの年間コメ消費量が変化していることが分かった。1985年には128kgで、2015年には62kgである。30年の間に１人当たりの年間コメ消費量が大幅に減少したのである。減少の原因としては、１番目が小麦粉よりも高価なコメの価格である。そして、２番目の原因は、食生活の西欧化である。コメの消費量減少の対策としては、朝ごはんを食べる運動と様々な加工品の開発がある。

解答文Ⅱ

　最近になってコメの消費量が激減していることが分かった。1985年には1人当たりの年間のコメ消費量が128kgであったのが2015年に62kgを記録し、30年の間に、なんと半分に減った。このように急激に減少したのは、何といっても、食生活の西欧化による影響が大きい。その他の原因としては、小麦粉よりも、より高価なコメの価格も考えられる。

　このように急激に減ってきたコメの消費量を増やすためには、朝ご飯を食べる運動やコメを利用した様々な加工品の開発などの対策が必要だ。

解　説

●コメ消費量の変化と理由を文にする

　この問題9は、1人当たりのコメ消費量の変化をもとに、なぜそのような変化が起きているのか、その理由やそれに対する対策がどうなっているのかをまとめていく、いわば変化型の応用バージョンのような問題です。ですから、書き方としては、まず変化を捉える内容から始め、理由、対策を順に書いていくことになります。

　次の文を見て下さい。

「1인당 연간 쌀 소비량이 변화하고 있는 것으로 나타났다. 1985년에는 128kg이고 2015년에는 62kg이다. 감소 원인으로서는 밀가루보다 더 비싼 쌀값과 식생활의 서구화이다. 대책으로서는 아침밥 먹기 운동과 다양한 가공품 개발이 있다」

「1人当たりの年間コメ消費量が変化していることが分かった。1985年には128kgで、2015年には62kgである。減少の原因としては、小麦粉よりも高価なコメ価格と食生活の西欧化である。対策としては朝食を食べる運動と様々な加工品の開発がある」

　これは、問題文を丸写しした解答文の例です。内容としては間違っていませんが、140字くらいしかなく、量が少なすぎます。それに少し手を加え、字数を増やしたのが解答文Ⅰです。何が違うのかを見ましょう。

「30년 사이에 1인당 연간 쌀 소비량이 많이 줄어든 것이다 (30年の間に1人当たりのコメ消費量が大幅に減少したのである)」

「감소 원인으로서는 첫 번째가〜 두 번째가〜 (減少の原因としては、1つ目が〜2つ目が〜)」

「쌀 소비량 감소의 대책으로서는(コメの消費量減少の対策としては)」

　これを見てお気づきのように、「1인당 연간 쌀 소비량」を繰り返して使って
います。これは悪い方法ではありません。さすがに3回以上書くとなると、減点
の対象になるかもしれませんが、2回くらいなら許されます。または、「쌀 소비
량」のように一部だけを再度利用する方法もあります。字数を増やさなければな
らない時に有効な手段なので、必要な時に使って下さい。

●導入文

　さて、導入文ですが、まずは、解答文Ⅰのように、単純に消費量が変化してい
ると書く方法があります。高得点は期待出来ませんが、ある程度の点は取れます。
しかし問題のグラフに目盛りの年度が2つしかなく、数字が激減している点に着
眼すると、解答文Ⅱのような書き方の方が理想的です。「서구화(西欧化)」が少
し難易度の高い単語になるかもしれませんが、それを全面に書くわけではありま
せんので、クリアできると思います。上記の解答文Ⅱでは、「급감(急減)」を使っ
ていますが、「급격히 감소하고 있다(急激に減少している)」でもかまいません。

●激減の原因

　次にその激減の原因ですが、2つあるので、それを書く時には、解答文Ⅱのよ
うにまず1つ目を挙げて、2つ目を「그 외에(そのほかに)」、「다른 원인으로서
는(他の原因としては)」のような表現を使い、付け加えていく方法があります。
ここでは「뭐니 뭐니 해도 ~영향이 크다(何といっても~の影響が大きい)」と
いう表現を使っていますが、2つの原因のことを書く時に、どちらか片方を主原
因にしたい場合の有効な書き方となります。

●まとめ

　最後のまとめですが、この問題には対策という項目がついているので、それを
まとめとして使います。これには、「대책으로서는(対策としては)」で始める方
法もありますが、まず対策の中身を書いて最後に「~등의 대책이 필요하다(~
などの対策が必要である)」で締め括る書き方の方が座りのよい文となります。

Ⅲ 쓰기 54번

〈問題 1 〉

54.

※다음을 주제로 하여 자신의 생각을 600~700자로 글을 쓰십시
오. 단 문제를 그대로 옮겨 쓰지 마십시오. 50점

> 우리는 의사소통이 중요하다는 이야기를 많이 한다. 오해
> 나 마찰, 대립, 싸움 등이 생기면 의사소통이 결여돼서 그런
> 일이 발생한다고 한다. 아래의 내용을 중심으로 '의사소통
> 의 필요성'에 대한 자신의 생각을 쓰십시오.
>
> ・의사소통은 왜 해야 하는가?
> ・의사소통의 진정한 목적은 무엇인가?
> ・원활한 의사소통에 대립이 방해가 되는가?

＊원고지 쓰기의 예

	우	리	는		살	면	서		서	로	의		생	각	이		달	라
갈	등	을		겪	는		경	우	가		많	다	.	기	분	이		좋	지

解答文 I

　의사소통이 중요하다는 이야기를 많이 한다. 왜냐하면 의사소
통이 부족하면 서로 오해가 생기기 때문이다. 또 서로 대립하기
때문이다. 또 서로 싸우는 일도 생기기 때문이다. 친구들하고도
의사소통을 잘 안 하면 서로 오해가 생길 때가 많다.

　그래서 그런 오해나 마찰, 대립 등을 없애기 위해서 서로 의사
소통을 해야 한다. 오해나 마찰, 대립이 없어지면 사이좋게 지낼
수 있기 때문에 의사소통은 꼭 필요하다.

　그렇기 때문에 할 수 있으면 대립은 하지 않는 것이 좋다. 왜냐
하면 대립을 하면 의사소통이 어려워지기 때문이다. 그러니까 원

활한 의사소통을 할 때 대립하게 되면 방해가 된다.

解答文 Ⅱ

사회생활을 하는 데 있어서 서로 간의 의사소통이 중요하다는 것은 새삼 말할 필요도 없는 이야기이다. 가족과의 관계에서도 그렇고 친구들과의 사이에서도 그렇고 세상을 살아가는 우리들에게 의사소통은 기본적이고도 어려운 문제로 비쳐진다.

의사소통은 왜 해야 하는 것일까? 남이 나를 오해하면 오해하는 대로 마찰이 생기면 생기는 대로 그냥 놓아 두면 안 되는 것일까? 사람은 왜 의사소통을 하려고 하는 것일까?

우리는 여기서 의사소통의 본질을 생각해 볼 필요가 있다. 의사소통은 아무 것도 하려고 하지 않는 사람한테서는 나타나지 않는다. 무엇인가를 하려는 사람한테서 잘 나타난다. 왜냐하면 무엇인가를 하려고 하면 그 일을 위해 다른 사람과 의견을 나누어야 하기 때문이다.

그러니까 의사소통을 하려 하지 않으려는 사람이 있다면 그 사람은 아무 것도 하고 싶어하지 않는 사람이라고 할 수 있다. 의사소통을 도무지 필요로 하지 않는 사람들이다. 그런 사람에게 의사소통을 시도하려고 하니까 그게 싫어서 의사소통을 회피하려한다. 이해가 안 되는 자기주장을 하는 사람이 이런 타입이다. 대립은 그래서 생겨난다.

그러니까 대립이나 마찰은 의사소통에 있어서 흔히 볼 수 있는 현상이며 진정한 의사소통을 할 때 당연히 나타나는 현상이다.

日本語の訳

54.

※次をテーマにして、自分の考えを600〜700字で文を書いて下さい。ただし、問題をそのまま写さないで下さい。50点

> 私たちは、コミュニケーションが重要だという話をよくする。誤解や摩擦、対立、争いなどがあるときに、コミュニケーションが不足してそのようなことが起きると言う。下の内容を中心に「コミュニケーションの必要性」についての自分の考えを書いて下さい。
>
> ・コミュニケーションは、なぜしなければならないのか。
> ・コミュニケーションの真の目的は何か。
> ・円滑なコミュニケーションに対立が妨げになるのか。

＊原稿用紙の書き方の例

우	리	는		살	면	서		서	로	의		생	각	이		달	라
갈	등	을		겪	는		경	우	가		많	다	.	기	분	이		좋	지

解答文Ⅰ

　コミュニケーションが重要だという話をよくする。なぜならコミュニケーションが不足すると、お互いに誤解が生じるからである。また、お互いに対立するからである。また、お互いに争うこともあるからである。友達ともコミュニケーションをよくしないと、お互いに誤解が生じることが多い。

　従ってそのような誤解や摩擦、対立などをなくすために、お互いにコミュニケーションを取らなければならない。誤解や摩擦、対立がなくなると仲良くすることができるので、コミュニケーションは必ず必要である。

　そのため、できれば対立はしない方がいい。なぜなら対立すると、コミュニケーションが難しくなるからである。だから円滑なコミュニケーションをする際に対立するようになると妨げとなる。

解答文Ⅱ

　社会生活をする中で、互いのコミュニケーションが重要であることは、改めて言うまでもないことである。家族との関係でも、友達との間でも、世の中を生き

177

る私たちにとってコミュニケーションは、基本的かつ困難な問題として映る。

　コミュニケーションはなぜ必要なのだろう。他人が自分のことを誤解したら誤解したまま、摩擦が起きたら起きたまま、放っておいたらいけないのだろうか。人はなぜコミュニケーションを取ろうとするのだろうか。

　私たちはここでコミュニケーションの本質を考えてみる必要がある。コミュニケーションは何もしようとしていない人からは生まれない。何かをしようとする人からよく生まれる。なぜなら何かをしようとすると、そのことのために他の人と意見を交換しなければならないからである。

　したがって、コミュニケーションをしようとしない人がいたら、その人は、何もしたくない人だと言うことができる。コミュニケーションをまったく必要としない人たちである。そんな人にコミュニケーションを試みると、それが嫌でコミュニケーションを避けようとする。理解の出来ない自己主張をする人がこういうタイプである。対立はそこで生まれる。

　だから対立や摩擦は、コミュニケーションにおいてよく見られる現象で、真のコミュニケーションをする時に当たり前のように表れる現象である。

解　説

●３つの質問を中心に自分の考えを書く

　この長文のタイトルは、コミュニケーションの必要性で、そのメインタイトルに対して、①コミュニケーションはなぜするのか、②真の目的は何か、③コミュニケーションに対立は妨げになるのか、などの３つの質問を中心に、自分の考え方を書く問題になっています。

●導入文

　まず、導入文ですが、あまり書く自信がなかったら、問題文の一部を引用するのも１つの方法になります。問題文に、問題をそのまま写してはいけないと書いてありますが、問題文をそのまますべて丸写しをすることがだめだと言っているのであって、一切の引用を許さないという意味ではないからです。解答文Ⅰは、問題文の一部を引用しつつ、少し手を加えて少しオリジナルっぽく作ったものです。でも、これで導入部として何の遜色もないと思います。一方、それに対して、問題文を引用するのではなく、オリジナルを書く方を選ぶ場合には、これといって決まった方法はありません。上の解答文Ⅱも数多くある正解の１つの例に過ぎません。例えば、次のような導入文もあり得ます。

　「의사소통이 중요하다는 이야기를 많이 한다. 의사소통은 글자 그대로 의사의 소통이다. 그런데 의사는 나만 가지고 있는 것이 아니다. 남도 가지고 있다. 그러니까 의사소통은 나와 남과의 소통이라는 뜻이 된다」

「コミュニケーションが重要だという話をよくする。コミュニケーションは文字通り意思の疎通である。ところで意思は自分だけが持っているわけではない。他人も持っている。だからコミュニケーションは自分と他人との疎通という意味になる」

● 内容の展開

次に、内容の展開ですが、解答文Ⅰは問題文に書いてある内容を上手く活用しながら書いたものです。そういう形であっても、ある程度の点数は取れます。それに対して自分の考えを述べて行く時には、メインタイトルがあって、そこにぶら下がっている2つないし3つの質問を中心に書けと指示が出されているわけですから、その条件さえクリアすれば、内容に特に問題がない限り、どんなものでもよいということになります。次も1つの例です。

「그러면 의사소통은 왜 해야 하는가? 첫째로는 의사소통이 원활하게 이루어지면 조직이 힘을 발휘할 수 있기 때문이고 둘째로는 의사소통이 잘되면 전체의 분위기가 좋아지기 때문이다」

「ではコミュニケーションはなぜしなければならないのか。1つ目は、コミュニケーションが円滑に行われると組織が力を発揮できるようになるからで、2つ目は、コミュニケーションが上手くはかれると全体の雰囲気がよくなるからである」

● まとめ

最後のまとめの書き方ですが、まとめですから、コミュニケーションの問題の中で自分が最も言いたい内容を書きます。その時に、2つないし3つある問題文の質問の中の1つを使って最後のまとめにするのも効果的な方法の1つです。

• •

〈問題2〉

54.

※ 다음을 주제로 하여 자신의 생각을 600~700자로 글을 쓰십시오. 단 문제를 그대로 옮겨 쓰지 마십시오. 50점

> 사람은 누구나 인정받는 인재가 되고 싶어 합니다. 그런데 그와 동시에 쓸만한 인재가 없다는 이야기도 많이 듣습니다. '인재가 되려면 어떻게 해야 하는가'에 대해 아래의 내용을 중심으로 자신의 생각을 쓰십시오.

*원고지 쓰기의 예

	우	리	는		살	면	서		서	로	의		생	각	이		달	라
갈	등	을		겪	는		경	우	가		많	다	.	기	분	이		좋	지

解答文Ⅰ

사람은 누구나 다 다른 사람한테 인정을 받고 싶어 한다. 다른 사람한테 인정을 받는다는 것은 다른 사람이 나를 필요로 하고 있다는 것을 의미한다. 다른 사람이 나를 필요로 한다는 것은 내가 그 사람에게 도움이 되고 있다는 것을 의미한다.

그런데 사람이 아니고 어떤 회사나 조직이 나를 필요로 한다면 나는 그 회사나 조직에 꼭 필요한 사람이라는 뜻이 된다. 회사나 조직이 내가 필요하다고 판단을 한다면 그것은 내가 회사나 조직에 도움이 되기 때문이다. 이런 사람이 인재이다. 그러니까 인재는 회사나 조직에 도움이 되어야 한다. 도움에는 여러 가지 종류가 있다. 주위 사람들을 즐겁게 만드는 것도 도움이고 회사에 이익을 가져다주는 것도 도움이다. 그 사람이 회사에 있어서 분위기가 좋아진다면 그것도 도움이다. 회사와 조직에 도움이 안 된다면 그 사람을 인재라고 볼 수 없다.

그렇다면 누구나 다 인정하는 인재는 어떤 사람일까? 누구나 다 인정하는 인재가 되려면 누구에게나 다 도움이 되어야 한다. 만약에 그런 사람이 있다면 그야말로 슈퍼 히어로일 것이다. 그러나 아까 이야기한 것처럼 꼭 도움이 되는 것이 능력이나 힘만으로만 되는 것은 아니기 때문에 도움이 되려는 마음을 가지는 것만으로도 누구나가 다 필요로 하는 인재가 될 수 있다.

解答文Ⅱ

사람들은 어떤 사람을 인재라고 하는 것일까? 일을 잘하는 사람일까? 아니면 능력이 뛰어난 사람일까? 매년 신입 사원을 뽑는 회사들을 보자. 그들은 자신의 회사를 키우고 책임질 인재를 뽑는다고 한다.

이 말을 잘 생각해 보면 인재라는 말의 뜻을 알 수 있다. 즉 회사가 원하는 사람이 있다는 것이다. 바꿔 말하면 그 회사가 원하지 않는 사람은 그 회사의 인재가 아니다. 그러니까 누가 인재인가 하면 어떤 회사나 조직이 원하는 사람, 이런 사람이 인재가 된다.

그러면 누구나 다 필요로 하는 인재는 어떤 사람일까? 누구나 다 필요로 하려면 어디에 속하든 자신이 속한 곳에 도움이 되는 사람이어야 한다. 어디에 가든 내가 있는 곳을 살리는 사람이어야 한다. 그러면 누구한테나 어느 곳에서나 다 필요로 하는 사람이 될 수 있다.

그러면 인재가 되려면 어떻게 해야 하는가? 사람인 이상 이렇게 다양한 회사나 조직에 다 맞는 능력을 갖출 수는 없는 노릇이다. 그래서 나를 내세우기보다 주변이 원하는 모습의 인재가 되어가려고 노력하는 것이 무엇보다도 중요하다. 그것이 진정한 인재가 되는 비결이다.

日本語の訳

54.

※次をテーマにして、自分の考えを600〜700字で文を書いて下さい。ただし、問題をそのまま写さないで下さい。50点

> 人は誰でも認められる人材になりたがります。ところが、それと同時に使える人材がいないという話もよく聞きます。「人材になるにはどうすべきか」について、以下の内容を中心に、自分の考えを書いて下さい。
>
> ・誰からも必要とされる人材はどんな人ですか。
> ・どんな人が人材ですか。

＊原稿用紙の書き方の例

	우	리	는		살	면	서		서	로	의		생	각	이		달	라
갈	등	을		겪	는		경	우	가		많	다	.	기	분	이		좋	지

解答文 I

　人は誰しもが他の人から認められたがる。他の人に認められるということは、他の人が自分を必要としていることを意味する。他の人が自分を必要とするということは、自分がその人にとって助けになっているということを意味する。

　ところで、人ではなく、ある企業や組織が自分を必要とするなら、自分はその会社や組織にとって必要な人だということになる。会社や組織が自分のことを必要だと判断をするなら、それは自分が会社や組織に助けになっているからである。このような人が人材である。だから人材は、会社や組織に助けにならなければいけない。助けにはいろいろな種類がある。周りの人を楽しませてあげることも助けであり、会社に利益をもたらすことも助けである。その人が会社にいて雰囲気がよくなるのであれば、それも助けである。会社や組織に助けにならないのなら、その人は、人材とみなすことはできない。

　では、誰しもが認める人材はどんな人だろうか。誰しもが認める人材になるには、誰にでも助けになるような存在にならなければいけない。もしそのような人がいるとしたら、それこそスーパーヒーローである。しかし、さっき話したように、必ずしも能力や力だけでできるわけでもないので、助けになろうという気持ちを持つだけで、誰しもが必要とする人材になることが出来る。

解答文 II

　人々はどのような人を人材というのだろうか。仕事ができる人なのだろうか。それとも能力に優れた人だろうか。毎年新入社員を採用する会社を見てみよう。彼らは自分の会社を育て、背負ってくれる人材を選ぶという。

　この言葉をよく考えてみると人材という言葉の意味が分かってくる。つまり、会社がほしがっている人がいるということである。言い換えれば、その会社がほしがらない人は、その会社の人材ではない。だから、誰が人材かというと、ある会社や組織がほしがる人、こういう人が人材になる。

　では、誰からも必要とされる人材はどんな人なのだろうか。誰からも必要とさ

れるためには、どこに属しても自分の属しているところに助けになる人でなければならない。どこへ行こうとも自分のいるところを生かす人でなければならない。そうすると、誰からも、どこででも、必要とされる人になることが出来る。

　では、人材になるにはどうすればいいのだろうか。人間である以上、こんなに多様な会社や組織にすべて適した能力を備えることはできない。だから自分を押し立てるより周辺が望む姿の人材になって行こうと努力することが何よりも重要である。それが真の人材になる秘訣である。

解 説

●難しいテーマを攻略する！

　この問題のようなテーマは難しいです。人材になるためにはどうするのかという質問自体が難しいからです。それに伴って出てくる２つの質問も簡単に答えられるテーマではありません。上記の解答文ⅠとⅡは、難易度ではなく、二通りの解答文の例を出しています。では、このように難しい問題の場合には、どうすれば10点くらいは取れる解答文が書けるのでしょうか。この問題で言えば次のような書き方があると思います。

　「사람은 누구나 다 다른 사람한테 인정받는 인재가 되고 싶어 한다. 다른 사람이 싫어하는 사람이 되고 싶은 사람은 없기 때문이다. 이처럼 누구나 다 다른 사람한테 인정받는 사람이 되고 싶어 하는데 그렇게 되지 않는 이유는 무엇일까?

　첫째는 다른 사람한테 인정을 받고 싶어 하지만 노력을 하지 않기 때문이다. 노력을 하지 않기 때문에 다른 사람한테 인정을 받지 못한다. 두 번째는 다른 사람의 필요를 만족시키는 것이 인재인데 그것을 못 하기 때문이다.

　그렇기 때문에 필요한 인재가 되려면 노력을 해야 한다. 그리고 다른 사람의 필요를 만족시켜야 한다. 그렇게 함으로써 필요한 인재가 될 수 있다」

　「人は誰しもが、他の人に認められる人材になりたいと思う。他の人が嫌いな人になりたい人はいないからである。このように、誰もが他の人に認められる人になりたいのに、そうならない理由は何だろうか。

　第一は、他の人に認められたい気持ちはあるが、努力はしないからである。努力をしていないので、他の人に認められない。2つ目は、他の人が必要としている事を満たすのが人材なのに、それができないからである。

したがって必要な人材になるためには努力しなければならない。それから、他の人が必要としている事を満たさなければならない。そうすることで、必要な人材になることができる」

もし、このような書き方が出来たら、10点〜15点は取れると思います。ですから、問題のテーマが難しく、何を書いていいのか分からない時には、とにかく少しずつ問題文の内容を変えながら、何かを書き残すことです。

● ●

〈問題３〉

54.

※다음을 주제로 하여 자신의 생각을 600~700자로 글을 쓰십시오. 단 문제를 그대로 옮겨 쓰지 마십시오. 50점

> 반려견과 산책을 하는 사람이 많다. 그중에는 매너를 지키지 않는 보호자들이 있어 문제를 일으키는 경우가 있다. 또는 반려견을 대하는 방법에 문제가 있는 경우도 있다. '바람직한 반려견 문화'에 대하여 아래의 내용을 중심으로 자신의 생각을 쓰십시오.
>
> · 반려견을 데리고 밖에 나가려면 어떻게 해야 하는가?
> · 반려견을 대할 때는 어떻게 해야 하는가?

*원고지 쓰기의 예

	우	리	는		살	면	서		서	로	의		생	각	이		달	라	
갈	등	을		겪	는		경	우	가		많	다	.	기	분	이		좋	지

解答文Ⅰ

반려견과 산책을 하는 사람이 많아졌다. 많아진 만큼 그중에는 눈살이 찌푸려질 만한 행동을 하는 사람도 있다. 요즘은 반려동물이라는 말을 쓰지만 예전에는 애완동물이라는 말을 썼다. 그러니까 기본적으로는 내가 즐기려고 동물을 키운다라는 의미가 들

어 있다는 뜻이다. 생활이나 생계가 아니고 마치 커피를 즐기고 여행을 즐기는 것처럼 살아 있는 동물을 즐기는 대상으로 생각하는 풍조가 생겼다는 뜻이다.

그러나 내가 즐길 대상이 물건이나 장소라면 싫어졌을 때 안 가면 그만이고 던져 버리면 그만이지만 동물은 살아 있는 생명체이기 때문에 그럴 수가 없다. 따라서 반려견은 키우기 전에 이와 같은 생각을 먼저 가질 필요가 있다. 내가 지금 살아 있는 생명체를 즐기려고 하고 있다는 점과 또 하나는 반려견을 고른 것이 어디까지나 나 자신의 기분에 따른 것이라는 점이다.

이런 점을 생각해 볼 때 나도 남도 반려견도 다 생명체이기 때문에 서로서로의 기분에 좋고 싫음이 있다는 사실을 이해할 필요가 있다. 밖에 나갈 때 내 반려견을 싫어하는 사람도 있을 수 있다는 사실에 조심해야 하고 남의 반려견을 대할 때도 반려견이 나를 싫어할 수도 있다는 사실을 이해할 필요가 있는 것이다. 이것이 성숙한 사람의 태도라는 생각이 든다.

解答文 Ⅱ

반려견은 애완동물 중의 하나이다. 애완동물이기 때문에 선호도에 따라 좋아하고 싫어함이 갈린다. 애완동물 중에서도 개를 좋아하는 사람이 있는가 하면 고양이를 좋아하는 사람도 있다. 그렇기 때문에 내가 좋아하는 동물은 당연히 남도 좋아할 것이라는 생각은 크나큰 착각이다. 당연한 이야기이지만 동물 자체를 싫어하는 사람도 있기 때문이다. 그렇다고 해서 동물을 싫어하는 사람을 매도할 수 있는가? 내가 짜장면을 좋아한다고 해서 짬뽕 좋아하는 사람을 뭐라고 할 수 없는 것과 같은 논리이다.

그러므로 내가 내 반려견을 사랑하는 만큼 그다지 개를 좋아하지 않는 사람, 또는 좋아는 하되 그렇게까지는 좋아하지는 않는 사람 등 다른 사람의 권리도 존중해 줘야 한다. 즉 내가 즐길 권리가 있다면 다른 사람은 다른 것을 즐길 권리가 있다는 뜻이다. 그러므로 내가 내 반려견을 위하는 만큼 동시에 다른 사람을 위하는 마음도 있어야 한다.

한편 다른 사람의 반려견을 대하는 태도도 마찬가지이다. 내게 반려견이 아닌 다른 것을 즐길 권리가 있는 것과 마찬가지로 반려견을 키우는 사람의 즐길 권리를 똑같이 존중해 줘야 한다. 또는 반려견도 존중해 줘야 한다. 개가 귀엽다고 해서 내 마음대로 내 멋대로 남의 반려견을 대할 수는 없는 것이다. 예전보다 공원에 나오는 반려견의 숫자가 늘었다고 해서 그것을 불평할 수는 없는 것이다.

日本語の訳

54.

※次をテーマにして、自分の考えを600~700字で文を書いて下さい。ただし、問題をそのまま写さないで下さい。50点

> 飼い犬と散歩をする人が多い。その中にはマナーを守らない飼い主がいて、問題を引き起こす場合がある。または飼い犬への接し方に問題がある場合もある。「望ましい飼い犬文化」について以下の内容を中心に、自分の考えを書いて下さい。
> ・飼い犬を連れて外に出る時には、どうすべきか。
> ・飼い犬に接する時はどうすべきか。

*原稿用紙の書き方の例

	우	리	는		살	면	서		서	로	의		생	각	이		달	라
갈	등	을		겪	는		경	우	가		많	다	.	기	분	이		좋	지

解答文 I

飼い犬と散歩をする人が多くなった。増えている分、その中には、眉をひそめたくなるような行動をする人もいる。最近では、伴侶動物という言葉を使うが、かつては愛玩動物という言葉を使った。だから、基本的には、自分が楽しもうと、

動物を育てるという意味が含まれているという意味である。生活や生計のためではなく、まるでコーヒーを楽しんで旅を楽しむかのように、生きている動物を楽しむ対象として考える風潮が生まれたという意味である。

　しかし、自分が楽しんでいる対象が物や場所なら、嫌いになった時に、行かなければよく、投げ捨ててしまえばそれまでだが、動物は生きている生命体であるので、そうすることはできない。したがって犬は飼う前に、このようなことを先に考える必要がある。自分が今生きている生命体を楽しもうとしていることと、もう1つは、飼い犬を選んだのがあくまでも自分自身の気持ちによるものだという点である。

　このような点を考えてみると、自分も他人も飼い犬もみな生命体であるため、お互いの気持ちに好き嫌いがあるという事実を理解する必要がある。外に出る時に自分の飼い犬を苦手とする人もいるという事実に注意する必要があり、他人の飼い犬と接する時にも、飼い犬が自分を嫌がる可能性があるという事実を理解する必要がある。これが成熟した人の態度のような気がする。

解答文Ⅱ

　飼い犬はペットの1つである。ペットなので、好みに応じて好き嫌いが分かれる。ペットの中でも犬が好きな人もいれば猫が好きな人もいる。したがって自分の好きな動物は当然他人も好きと思うのは、とんでもない勘違いである。当たり前の話だが、動物自体が苦手な方もいるからである。だからといって、動物が苦手な人を罵倒することができるだろうか。自分がジャージャーメンが好きだからといってちゃんぽん好きの人を非難できないのと同じ論理だ。

　したがって、自分の飼い犬を大事にすればするほど、あまり犬が好きじゃない人、または好きではあるけれど、そこまで好きではない人など、他の人の権利も尊重しなければならない。つまり自分に楽しむ権利があるのだったら、他の人には、他のものを楽しむ権利があるということなのである。したがって自分の飼い犬が大切な分、同時に他の人も大切にしなければならない。

　一方、他人の飼い犬に対する態度も同様である。飼い犬ではない、他の何かを楽しむ権利が自分にあるのと同様に、飼い犬を育てる人の楽しむ権利を同じく尊重しなければならない。または飼い犬も尊重しなければならない。犬がかわいいからといって、自分勝手に他人の飼い犬に接することはできない。以前より公園にやってくる飼い犬の数が増えたからといって、それに文句を言うことはできないのである。

　この問題は、比較的書きやすいテーマの内容だと思います。ほんの一例として
ⅠとⅡを紹介しましたが、抱いているそれぞれの思いによって様々な書き方が出
来ると思います。上記の解答文に使われている表現のいくつかを紹介したいと思
います。

　「눈살이 찌푸려지다」⇒「眉をひそめたくなる」

　「〜는 풍조가 생기다」⇒「〜という風潮が生まれる」

　「〜면/으면 그만이지만」⇒「〜すればそれまでだが」

　「선호도」⇒選好度の韓国語読み、「好み」

　「〜고 해서 뭐라고 할 수는 없다」⇒「〜と言って非難できない」

　「〜는 만큼」⇒「〜だけに」

　「〜는 것과 마찬가지로」⇒「〜のと同様に」

　問題文を少し修正した形での簡単な解答文としては次のようなものがあります。

　「반려견 보호자들이 매너를 지키지 않는 경우가 있다. 또는 반려견을 대
하는 사람도 반려견을 대하는 태도가 좋지 않은 경우가 있다. 반려견을 키
우는 사람한테는 반려견이 귀엽지만 그렇게 생각하지 않는 사람도 있다.

　그러므로 반려견을 데리고 밖에 나갈 때는 매너를 잘 지켜야 한다. 그리
고 남의 반려견을 볼 때도 반려견 보호자와 반려견에 대해 잘 배려해 줘야
한다. 내가 기르는 개가 아니기 때문에 개를 만지고 싶으면 보호자에게 물
어봐야 한다.

　이렇듯 반려견은 기르는 사람도 보는 사람도 서로 매너를 지켜야 한다」

　「犬の飼い主がマナーを守らない場合がある。または飼い犬に接する人も飼い
犬に対する態度がよくない場合がある。犬を育てる人にとっては飼い犬がかわい
いが、そう思わない人もいる。

　したがって、飼い犬を連れて外に出るときは、マナーをよく守らなければなら
ない。そして他人の飼い犬を見てもその飼い主と犬に対して充分に配慮しなけれ
ばならない。自分の飼い犬ではないので、犬に触りたければ飼い主に聞かなけれ
ばならない。

　このように、飼い犬は育てる人も見守る人も、お互いマナーを守らなければな
らない。」

TOPIK II

다섯 번째 모음

模擬試験

쓰기

第1回 쓰기 (51번~ 54번)

※다음을 읽고 (ㄱ)과 (ㄴ)에 들어갈 말을 각각 한 문장으로 쓰십시오. 각 10점

51.

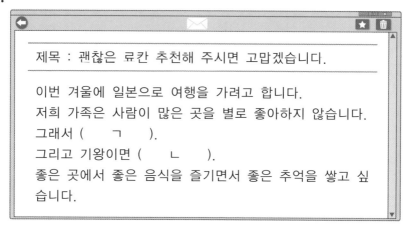

제목 : 괜찮은 료칸 추천해 주시면 고맙겠습니다.

이번 겨울에 일본으로 여행을 가려고 합니다.
저희 가족은 사람이 많은 곳을 별로 좋아하지 않습니다.
그래서 (ㄱ   ).
그리고 기왕이면 (ㄴ   ).
좋은 곳에서 좋은 음식을 즐기면서 좋은 추억을 쌓고 싶습니다.

52.

　　요즘 청소년들은 13, 14세부터 (ㄱ   ). 립틴트는 거의 다 가지고 있고 아이섀도나 아이라이너도 상당수가 가지고 있다고 한다. 대부분의 청소년들은 중학교에 들어가면 본인이 (ㄴ   ) 고등학생이 되면 3분의 2 이상이 매일 화장을 한다고 한다.

53. 다음을 참고하여 '대학에 꼭 가야 하는가'에 대한 글을 200 ~300자로 쓰십시오. 단 글의 제목을 쓰지 마십시오. 30점

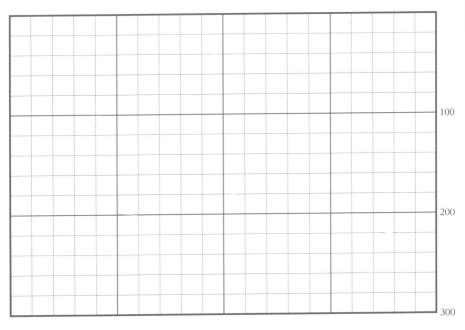

조사 기관 : 한국 청소년 협회
조사 대상 : 남녀 고등학생 2,000명

대학에 꼭 가야 하는가

그렇다 : 남 76, 여 64
아니다 : 남 24, 여 36
(단위: %)

그렇다라고 응답한 이유

	남	여
1위	좋은 곳에 취직하기 위해서	남들도 다 가니까
2위	남들도 다 가니까	안 가면 창피하니까

54. 다음을 주제로 하여 자신의 생각을 600~700자로 글을 쓰십시오. 단 문제를 그대로 옮겨 쓰지 마십시오. 50점

> 한국에서는 주말이 되면 친지들의 결혼식에 참석하느라 바쁜 사람들이 많다. 좋은 면도 있지만 서로 부담스러운 면도 있다. '한국의 결혼식 문화'에 대하여 아래의 내용을 중심으로 자신의 생각을 쓰십시오.
>
> · 친지의 결혼식에는 꼭 가야 하는가?
> · 자신의 결혼식 때 반드시 친지들을 부르는가?
> · 결혼식 때 꼭 그렇게 많은 사람이 참석해야 하는가?

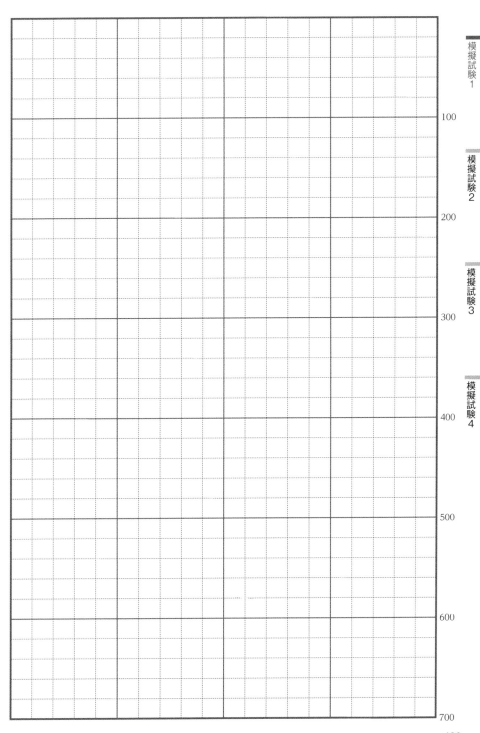

100

200

300

400

500

600

700

第1回 쓰기 正解及び解説

※次を読んで（ㄱ）と（ㄴ）に入る言葉をそれぞれ一文で書いて下さい。各10点

51.

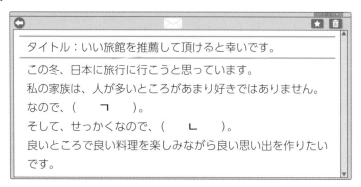

タイトル：いい旅館を推薦して頂けると幸いです。

この冬、日本に旅行に行こうと思っています。
私の家族は、人が多いところがあまり好きではありません。
なので、（　　ㄱ　　）。
そして、せっかくなので、（　　ㄴ　　）。
良いところで良い料理を楽しみながら良い思い出を作りたい
です。

52.

　　最近の若者は13、14歳から（　　ㄱ　　）。リップティントはほとんど持っており、
アイシャドウやアイライナーも相当数が持っているという。ほとんどの若者は中学校に
上がると、本人が（　　ㄴ　　）高校生になると、3分の2以上が毎日化粧をするという。

53. 次を参考にして「大学に必ず行くべきか」についての文を200〜300字で書いて下さい。ただし、文のタイトルを書かないで下さい。 30点

調査機関：韓国青少年協会

調査対象：男女の高校生2,000人

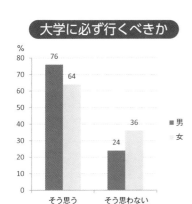

	男	女
1位	よいところに就職するために	みんな行くから
2位	みんな行くから	行かないと恥ずかしいから

54. 次をテーマにして、自分の考えを600〜700字で文を書いて下さい。ただし、問題をそのまま写さないで下さい。 30点

　　韓国では、週末になると知人の結婚式に出席するのに忙しい人が多い。良い面もあるが、互いに負担に思う面もある。「韓国の結婚式の文化」について以下の内容を中心に、自分の考えを書いて下さい。

・知人の結婚式には必ず行くべきか。

・自分の結婚式の時に必ず知人を呼ぶか。

・結婚式の時、必ずそんなに多くの人が出席しなければならないか。

51.

(ㄱ) 조용한 곳을 추천해 주셨으면 합니다.
　　사람이 많지 않은 곳을 추천해 주셨으면 좋겠습니다.
　　조용한 곳을 소개해 주셨으면 합니다.

(ㄴ) 맛있는 음식도 먹을 수 있었으면 좋겠습니다.
　　맛있는 음식도 먹고 싶습니다.

　　(ㄱ) 静かな場所をお勧めして頂けたらと思います。
　　　　人が多くないところを推薦して頂けたらと思います。
　　　　静かな場所を紹介して頂けたらと思います。

　　(ㄴ) おいしい料理も食べることができたらと思います。
　　　　おいしい料理も食べたいです。

52.

(ㄱ) 화장을 한다고 한다

(ㄴ) 직접 화장품을 구매하며

　　(ㄱ) 化粧をするという

　　(ㄴ) 直接化粧品を購入し

53.

解答文 I

　한국 청소년 협회가 남녀 고등학생 2,000명을 대상으로 대학에 꼭 가야 하는가에 대한 조사를 하였다. 그렇다고 대답한 남학생이 76%, 여학생이 64%였다. 아니다라고 대답한 남학생이 24% , 여학생이 36%였다. 대학에 가야 된다고 대답한 이유에 대해서 남학생은 좋은 곳에 취직하기 위해서, 남들도 다 가니까라고 대답했고 여학생은 남들도 다 가니까, 안 가면 창피하니까라고 대답했다.

　이와 같이 대학에 꼭 가야 하는가에 대해 남녀 고등학생이 다른 생각을 가지고 있는 것으로 나타났다.

　　韓国青少年協会が男女の高校生2,000人を対象に、大学に必ず行くべきかについての調査を行った。そう思うと答えた男子学生が76%、女子学生が64%であった。そう思わないと答えた男子学生が24%、女子学生が36%であった。大学に行くべきだと答えた理由について、男子学生は良いところに就職するために、みんな行くからと答えており、女子学生は、みんな行くから、行かないと恥ずかしいからと答えた。

　　このように、大学に必ず行くべきかについて、男女の高校生が違う考えを持っていることが分かった。

解答文Ⅱ

　한국 청소년 협회가 남녀 고등학생 2,000명을 대상으로 '대학은 꼭 가야 하는가'에 대한 의식 조사를 실시하였다. 가야 된다고 대답한 남학생이 76%인 데 비해 여학생은 64%였다. 그리고 안 가도 된다고 대답한 비율은 남학생이 24%, 여학생이 36%로 남학생이 오히려 적었다. 대학에는 꼭 가야 된다고 대답한 이유에 대해서 남학생은 1위가 좋은 곳에 취직하기 위해서, 2위가 남들도 다 가니까라고 대답한 반면 여학생은 1위가 남들도 다 가니까, 2위가 안 가면 창피하니까였다.

　이 의식 조사의 결과를 보면 확실한 이유도 없이 대학에 가는 학생이 많음을 알 수 있다.

　　韓国青少年協会が男女の高校生2,000人を対象に「大学は必ず行くべきか」に対する意識調査を実施した。行くべきだと答えた男子学生が76%であるのに対し、女子学生は64%であった。そして行かなくてもよいと回答した比率は、男子学生が24%、女子学生が36%で、男子学生がむしろ少なかった。大学には必ず行くべきだと答えた理由について、男子学生は、1位が良いところに就職するために、2位がみんなも行くからと答えたのに対し、女子学生は、

1位がみんなも行くから、2位が行かないと恥ずかしいからであった。

　この意識調査の結果を見ると、確かな理由もなく、大学に行く学生が多いことが分かる。

54.

解答文 I

　결혼식이 많이 열리는 주말이 되면 결혼식에 참석해야 되기 때문에 바쁜 사람이 있다고 한다. 결혼식은 기쁜 것인데 왜 부담이 되는 것일까? 결혼식에 갈 때는 축의금을 낸다. 그런데 축의금은 신랑 신부한테 주는 것이 아니다. 축의금을 받는 사람은 신랑 신부의 부모이다. 그래서 부담이 간다. 얼마를 내면 되는지 고민스럽다. 그래서 결혼식에 갈 때는 신랑 신부가 아니고 그 부모를 만나러 가는 경우가 많다.

　결혼식은 축하하고 축하받는 자리이다. 그러니까 축하할 사람만 오면 된다. 사람이 많이 올 필요는 없다. 왜냐하면 부모가 축하받는 것이 아니기 때문이다. 친구들에게 나의 행복한 모습을 보여 주고 싶기 때문에 친구들은 부르겠지만 나의 부모는 아는데 나는 모른다면 부르기가 쉽지 않을 것 같다.

　그러므로 남의 결혼식에 가는 것도 그 사람을 진심으로 축하해 주고 싶을 때 간다. 그런 마음이 없는데 간다면 그것은 정말 그 사람한테 실례가 된다고 생각하기 때문이다.

　結婚式が多く行われる週末になると、結婚式に出席しなければならないので忙しい人がいると言う。結婚式は嬉しいはずなのに、なぜ負担になるだろうか。結婚式に行くときは、ご祝儀を出す。ところが、祝儀は新郎新婦にあげるのではない。ご祝儀を受け取るのは、新郎新婦の親である。だから負担になる。どの位の額を出せばいいのか悩ましい。だから結婚式に行くときは、新郎新婦ではなく、その親に会いに行くことが多い。

　結婚式はお祝いし、お祝いされる場である。だからお祝いする人だけが来ればいい。人がたくさん集まる必要はない。なぜなら、親がお祝いされるの

ではないからである。友人に私の幸せな姿を見せてあげたいので、友人は呼ぶけれど、親は知っているのに、私は分からないとなれば、呼ぶのに躊躇する。

したがって、他人の結婚式に行くことも、その人を心から祝ってあげたいときに行く。そんな気持ちがないのに行ったら、それは本当にその人に失礼になると思うからである。

解答文Ⅱ

한국에서는 초대를 안 받아도 결혼식에 간다고 한다. 그리고 신랑 신부 얼굴을 몰라도 결혼식에 참석하는 경우가 많다고 한다. 결혼식 시즌 주말이 되면 축의금 봉투를 들고 여기 저기 식장을 다니면서 봉투를 내미는 경우도 있다고 한다.

이쯤 되면 결혼식은 누구를 위해서 하는가에 대한 의문이 생긴다. 사랑하는 사람을 만나 결혼을 하게 되었으니 가족과 친척, 그리고 가까운 친구들이 모여서 축하를 하고 축하를 받는 것이 결혼식의 의미일 텐데 신랑 신부 얼굴도 모르고 가서 봉투만 내밀고 온다면 무슨 의미가 있을까 하는 생각이 든다. 결혼식 때 꼭 많은 사람이 참석해야 할 필요는 없다. 나를 잘 모르는 사람이 내 결혼식 때 앉아 있다면 별로 기분 좋은 일이 아니기 때문이다. 그러나 내가 결혼식을 하는 모습을 보여 주고 싶고 축하받고 싶기 때문에 친한 친구들은 결혼식에 꼭 초대하고 싶다.

내가 알고 있는 사람이 결혼을 한다고 해서 그곳에 꼭 가야 하는 것은 아니다. 왜냐하면 그 사람 결혼식이기 때문이다. 내가 가는 것이 그 사람의 뜻이고 내가 와 주기를 바란다면 가겠지만 그런 마음이 그 사람한테 없다면 결혼식에 가는 것은 실례라고 생각한다. 그냥 마음만으로 그 사람을 축하해 주면 될 일이다.

韓国では招かれなくても結婚式に行くという。そして新郎新婦の顔を知らなくても結婚式に出席している場合が多いという。結婚式シーズンの週末になるとご祝儀袋を持ってあちこち式場を回りながら封筒を差し出す場合もあるという。

ここまで来れば結婚式は誰のためにやるのか疑問が生じる。愛する人に出会って、結婚をすることになったので、家族や親戚、そして親しい友人が集まってお祝いをし、お祝いをしてもらうのが結婚式の意味のはずなのに、新郎新婦の顔も知らないのに行って袋だけ出してくるのだったら、どんな意味があるのだろうかという気がする。結婚式の時に必ずしも多くの人が参加する必要はない。私をよく知らない人が私の結婚式に座っているのは、あまり気持ちの良いことではないからだ。しかし、私は結婚式をする姿を見てもらいたいし、お祝いもしてもらいたいので、親しい友人は結婚式に必ず招待したい。

　私が知っている人が結婚をするからと言って、そこに必ずしも行く必要はない。なぜなら、その人の結婚式だからである。私が行くことがその人の意思で、私に来てほしいのだったら行くけど、そんな気持ちがその人にない場合は、結婚式に行くことは失礼だと思う。ただ気持ちだけで、その人を祝えばいいことである。

第2回 쓰기 (51번~ 54번)

※다음을 읽고 (ㄱ)과 (ㄴ)에 들어갈 말을 각각 한 문장으로 쓰십시오. 각 10점

51.

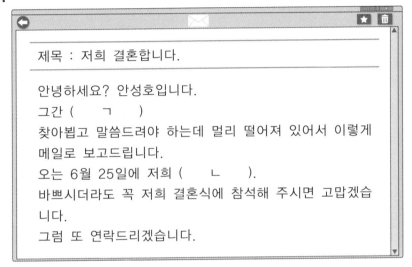

제목 : 저희 결혼합니다.

안녕하세요? 안성호입니다.
그간 (ㄱ   )
찾아뵙고 말씀드려야 하는데 멀리 떨어져 있어서 이렇게 메일로 보고드립니다.
오는 6월 25일에 저희 (ㄴ   ).
바쁘시더라도 꼭 저희 결혼식에 참석해 주시면 고맙겠습니다.
그럼 또 연락드리겠습니다.

52.

　어른이 되어서 그때 제대로 공부할걸 하면서 (ㄱ   ) 꽤 있다. 후회를 하는 이유는 지금의 (ㄴ   ). 지금의 자기가 아쉬운 이유는 자신에게 뭔가 부족함을 느끼기 때문이다. 공부를 해야 되는 이유가 여기에 있다. 공부란 자기자신의 부족함을 메워 나가는 작업인 것이다.

53. 다음을 참고하여 '영어는 꼭 잘해야 하는가'에 대한 글을
200~300자로 쓰십시오. 단 글의 제목을 쓰지 마십시오. 30점

조사 기관 : 서울시 교육청
조사 대상 : 서울시 남녀 중학생 2,000명

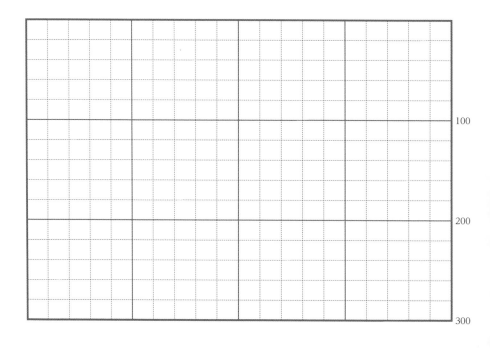

	남	여
1위	좋은 대학에 들어가기 위해	해외 여행 갈 때 필요하다
2위	일류 기업에 취직하기 위해	외국 친구를 사귈 수 있다

54. 다음을 주제로 하여 자신의 생각을 600~700자로 글을 쓰십시오. 단 문제를 그대로 옮겨 쓰지 마십시오. 50점

> 한류 문화의 붐이 이제 끝나 간다는 말을 하는 사람들이 있다. '한류 문화의 어제와 오늘, 그리고 미래'에 대하여 아래의 내용을 중심으로 자신의 생각을 쓰십시오.
>
> ・ 한류 문화는 붐인가?
> ・ 한류 문화가 외국인에게 인기를 끈 이유가 무엇인가?
> ・ 한류 문화는 앞으로도 지속되리라 보는가?

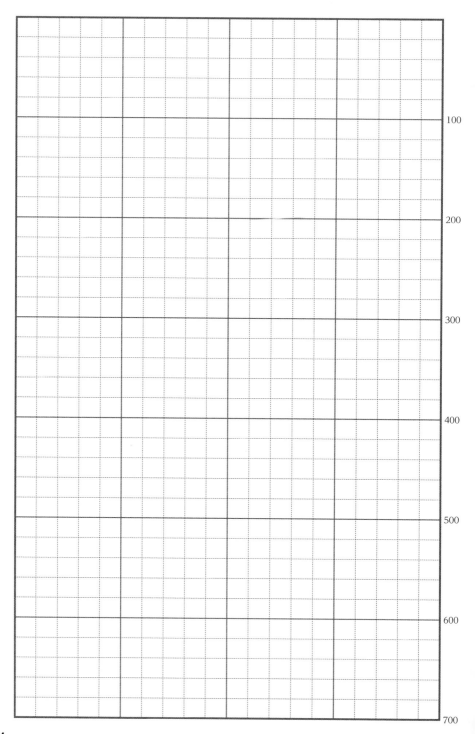

第2回 쓰기 正解及び解説

日本語の訳

※次を読んで（ㄱ）と（ㄴ）に入る言葉をそれぞれ一文で書いて下さい。 各10点

51.

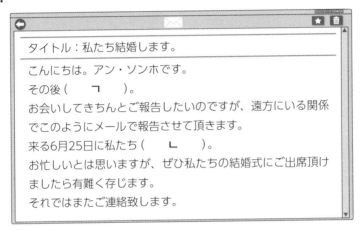

タイトル：私たち結婚します。

こんにちは。アン・ソンホです。

その後（　　ㄱ　　）。

お会いしてきちんとご報告したいのですが、遠方にいる関係でこのようにメールで報告させて頂きます。

来る6月25日に私たち（　　ㄴ　　）。

お忙しいとは思いますが、ぜひ私たちの結婚式にご出席頂けましたら有難く存じます。

それではまたご連絡致します。

52.

　大人になって、あの時にまじめに勉強すればよかったと言いながら（　　ㄱ　　）かなりいる。後悔をする理由は、今の（　　ㄴ　　）。今の自分が物足りない理由は、自分に何か不足を感じるからである。勉強をしなければならない理由がここにある。勉強とは自分自身の不足を埋めていく作業なのである。

53. 次を参考にして、「英語は絶対上手でなければならないか」に対する文を
    200〜300字で書いて下さい。ただし、文のタイトルを書かないで下さ
    い。30点

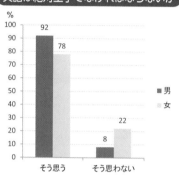

調査機関：ソウル市教育庁
調査対象：ソウル市男女中学生2,000人

英語は絶対上手でなければならないか

そう思うと回答した理由

	男	女
1位	良い大学に入るために	海外旅行に行くときに必要である
2位	一流企業に就職するために	外国の友人を作ることができる

54. 次をテーマにして、自分の考えを600〜700字で文を書いて下さい。ただ
    し、問題をそのまま写さないで下さい。30点

　　韓流文化のブームがそろそろ終わりかけているという話をする人
がいる。「韓流文化の昨日と今日、そして未来」について以下の内容
を中心に、自分の考えを書いて下さい。

・韓流文化はブームか。
・韓流文化が外国人に人気を呼んだ理由は何か。
・韓流文化は今後も持続すると思うか。

正解の例

51.

(ㄱ) 별일 없으셨습니까?/별일 없으셨는지요?

(ㄴ) 결혼합니다/결혼하기로 했습니다.
　　결혼식을 올립니다

　(ㄱ) お元気でしたか。

　(ㄴ) 結婚します/ 結婚することにしました。
　　　結婚式をします（挙げます）。

52.

(ㄱ) 후회하는 사람이

(ㄴ) 자기가 아쉽기 때문이다

　(ㄱ) 後悔をする人が

　(ㄴ) 自分が物足りないからである

53.

解答文 I

　서울시 교육청이 서울시 남녀 중학생 2,000명을 대상으로 영어는 꼭 잘해야 하는가에 대한 조사를 하였다. 그렇다고 대답한 남학생이 92%, 여학생이 78%였다. 아니다라고 대답한 남학생이 8%, 여학생이 22%였다. 영어를 잘해야 되는 이유에 대해서 남학생은 좋은 대학에 가기 위해서, 일류 기업에 취직하기 위해서라고 대답했고 여학생은 해외 여행 갈 때 필요하니까, 외국인 친구를 사귈 수 있으니까라고 대답했다.

　이와 같이 영어를 꼭 잘해야 하는가에 대해 남녀 중학생이 다른 생각을 가지고 있는 것으로 나타났다.

　ソウル市教育庁がソウル市の男女中学生2,000人を対象に、英語は絶対上手でなければならないかについての調査を行った。そう思うと答えた男子学生が92%、女子学生が78%であった。そう思わないと答えた男子学生が8%、女子学生が22%であった。英語が上手でなければならない理由について、男子学生は良い大学に行くために、一流企業に就職するためにと答え、女子学生は、海外旅行に行くときに必要だから、外国人の友達を作ることができるからだと答えた。
　このように、英語は絶対上手でなければならないかについて、男女中学生が違う考え方を持っていることが分かった。

解答文Ⅱ

　서울시 교육청이 서울시 남녀 중학생 2,000명을 대상으로 '영어는 꼭 잘해야 하는가'에 대한 의식 조사를 실시하였다. 잘해야 된다고 대답한 남학생이 92%인 데 비해 여학생은 78%였다. 그리고 잘 못해도 된다고 대답한 비율은 남학생이 8%, 여학생이 22%로 남학생이 적었다. 영어는 무조건 잘해야 된다고 대답한 이유에 대해서 남학생은 1위가 좋은 대학에 가기 위해서, 2위가 일류 기업에 취직하기 위해서라고 대답한 반면 여학생은 1위가 해외 여행 갈 때 필요하니까, 2위가 외국 친구를 사귈 수 있으니까라고 대답했다.
　이 의식 조사의 결과를 보면 남학생과 여학생의 영어를 잘하려는 이유가 상당히 다르다는 것을 알 수 있다.

　ソウル市教育庁がソウル市の男女中学生2,000人を対象に「英語は絶対上手でなければならないか」に対する意識調査を実施した。上手でなければならないと答えた男子学生が92%なのに対し、女子学生は78%であった。そして上手でなくてもよいと答えた比率は、男子学生が8%、女子学生が22%で、男子学生が少なかった。英語は無条件上手でなければならないと答えた理由について、男子学生は、1位が良い大学に行くために、2位が一流企業に就職するためにと答えたのに対し、女子学生は、1位が海外旅行に行くときに必要だ

から、2位が外国の友達を作ることができるからだと答えた。

　この意識調査の結果を見ると、男子学生と女子学生の英語が上手になりたい理由が相当異なっていることが分かる。

54.

解答文 I

　붐을 다른 말로 하면 유행이라고 할 수 있을 것이다. 그러면 한류 문화의 붐을 이 유행이라는 말을 넣어서 바꾸어 보면 한류 문화의 유행이 된다. 유행은 거품이다. 금세 꺼진다. 그러면 한류 문화의 붐이 이제 끝나 간다는 말은 한류 문화가 이제 전세계 어디를 가든 서서히 꺼져 가고 있다는 뜻일 것이다.

　한류 문화의 콘텐츠에는 여러 가지가 있다. 음악도 있고 드라마도 있다. 또는 식품도 있고 화장품도 있다. 물론 패션도 있고 헤어 스타일도 있다. 그러면 이런 것들이 이제 전세계에서 다같이 서서히 자취를 감추고 있단 말인가? 이 물음에 그렇다고 대답할 사람은 아무도 없다. 전 세계 어디를 가든 현실은 전혀 그렇지가 않기 때문이다. 일본의 쓰케모노 시장에서 김치가 차지하는 비율은 무려 25%에 달하며 국내 생산 쓰케모노 중에서 제일 생산량이 많다. 너무나 당연하게 일상적으로 김치를 먹는 일본 사람들에게 김치 붐이 사라져 간다고 말했댔자 그 말을 제대로 이해할 사람은 없다.

　한류 문화가 외국인에게 인기를 끄는 이유는 그것이 자신들의 빈 곳을 채워 주기 때문이다. 빈 곳을 채우기 때문에 쉬 꺼지지도 않는다. 붐과 문화의 차이가 바로 거기에 있다. 그렇기 때문에 한류 문화는 앞으로도 지속되리라고 본다.

　ブームを他の言葉に言い換えると流行と言える。そうすると、韓流文化のブームをこの流行という言葉に入れ換えてみると、韓流文化の流行になる。流行は泡である。たちまち消える。では、韓流文化のブームがそろそろ終わりかけているということは、韓流文化が今、世界中のどこに行っても、徐々に

消えかかっているということになる。

　韓流文化のコンテンツには、様々なものがある。音楽もあり、ドラマもある。または食品もあり、化粧品もある。もちろんファッションもありヘアスタイルもある。では、このようなものが、今や世界中でみんな一斉に徐々に姿を消しつつあるということなのか。この質問にそうだと答える人は誰もいない。世界中どこに行っても、現実はまったくそうではないからだ。日本の漬物市場でキムチが占める比率は、実に25％に達し、国内生産漬物の中で一番生産量が多い。ごく当たり前のように日常的にキムチを食べる日本の人々にキムチブームが消えていくと言ったところで、それをまともに理解する人はいない。

　韓流文化が外国人に人気を集める理由は、それが自分たちの空いているところを埋めてくれるからである。空いているところを埋めるので簡単に消えたりもしない。ブームと文化の違いがまさにそこにある。したがって韓流文化は今後も持続するものと思われる。

解答文Ⅱ

　문화에는 인류 보편적인 것도 있고 어떤 집단이나 민족, 국가에 한정되는 특수한 것도 있다. 보편적 성격을 띠는 문화는 글자 그대로 보편적이기 때문에 설사 그것이 어떤 한 나라나 민족, 지역에서 나왔다 하더라도 쉬 없어지지 않고 인류가 존재하는 한 계속 이어진다.

　문화 중에서 특히 영상이나 음악 분야를 예를 들어 설명하면 오늘날 우리가 즐겨 듣는 클래식 음악 같은 것은 본디 서양에서 만들어진 음악이었다. 그런데 이 클래식 음악은 오늘날 세계 어디를 가나 누구에게나 사랑을 받는 음악이 되었다. 또는 전 세계적으로 히트를 치는 영화들을 보라. 헐리웃에서 만들어졌다고 해서 다른 나라 사람들은 안 보는가? 문화의 보편성이라는 것이 바로 이런 것이다.

　한류 문화는 한국발 문화이다. 한국에서 탄생하여 전세계로 뻗어 나가고 있다. 그것이 영화이든 드라마이든 또는 K-pop이든 이러한 것들이 뿌리를 내리고 생활이 되고 있다면 그것은 새로운 보편적인 문화가 된다. 붐은 어디까지나 일시적인 현상이다. 그에 비해 문화는 지속적인 현상이다. 예를 들어 김치를 먹는 것이 하등 새로울 것이 없고 김치를 좋아하는 것이 그 나라 사람들의 상식에서 보았을 때 충분히 용납이 된다면 이미 김치는 그 나라의 문화인 것이다.

　따라서 앞으로도 지속이 되느냐 안 되느냐는 물음은 의미가 없다. 지금 그런 것들이 생활이 되어 있는데 생활을 새삼 바꾸는가? 클래식 음악이 클래식 음악이 아니게 되어 버릴 수 없는 것과 마찬가지이다.

　文化には人類普遍的なものもあり、ある集団や民族、国家に限定される特殊なものもある。普遍的性格を帯びる文化は、文字通り普遍的であるため、たとえそれがどんな国や民族、地域から出たとしても、容易になくならず、人類が存在する限りずっと続く。

　文化の中で、特に映像や音楽の分野を例に挙げて説明すると、今日の私たちが好んで聞くクラシック音楽のようなものは本来、西洋で作られた音楽だった。ところが、このクラシック音楽は、今日世界のどこに行っても、誰にでも愛される音楽になった。または全世界的に大ヒットをする映画を見よ。ハリウッドで作られたからといって、よその国の人々は見ないだろうか。文化の普遍性というものはまさにこういうものなのである。

　韓流文化は韓国発の文化である。韓国で誕生し、世界中に広がっている。それが映画であろうとドラマであろうと、またはK-popであろうと、これらのものが根を下ろし生活になっているなら、それは新しい普遍的な文化になる。ブームはあくまでも一時的な現象である。それに比べて文化は、持続的な現象である。たとえばキムチを食べるのがなんらかの新しいことではなく、キムチが好きなのが、その国の人々の常識から見たときに十分容認できるものになっているのだったら、すでにキムチはその国の文化である。

　したがって、今後も持続するかどうかという問いは、意味がない。今そういうことが生活化しているのに、生活を改めて変えるのだろうか。クラシック音楽がクラシック音楽でなくなることができないのと一緒なのである。

第3回　쓰기 (51번~54번)

※다음을 읽고 (ㄱ)과 (ㄴ)에 들어갈 말을 각각 한 문장으로 쓰십시오. 각 10점

51.

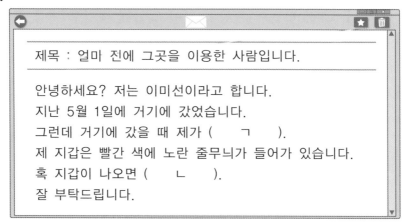

제목 : 얼마 진에 그곳을 이용한 사람입니다.

안녕하세요? 저는 이미선이라고 합니다.
지난 5월 1일에 거기에 갔었습니다.
그런데 거기에 갔을 때 제가 (　　ㄱ　　).
제 지갑은 빨간 색에 노란 줄무늬가 들어가 있습니다.
혹 지갑이 나오면 (　　ㄴ　　).
잘 부탁드립니다.

52.

　유산소 운동을 (　　ㄱ　　). 유산소 운동을 하면 고혈압이나 심근경색 등 심혈관 질환의 위험이 감소되고 당뇨나 비만 등의 성인병을 예방할 수 있기 때문이다. 또한 암 발생 위험도 감소된다. 걷기, 달리기 등이 바로 이 (　　ㄴ　　). 횟수는 일주일에 3~5회 하는 것이 적당하다.

53. 다음은 유산소 운동 방법을 나타낸 것입니다. 그 방법을 정리
    하여 200~300자로 글을 쓰십시오. 단 글의 제목을 쓰지 마
    십시오. 30점

유산소 운동 방법

1주일에 3~5회/1회 30분 정도, 걷기/조깅/자전거 타기

20대~30대 초반	・빨리 걷기나 달리기, 자전거 타기 ・목적에 따라 무산소 운동도 병행
30대 중반~ 40대	・걷기, 달리기, 자전거 타기 ・앉았다 일어서기 등의 무산소 운동도 병행
50대 이상	・걷기, 천천히 달리기 ・맨손 체조 등을 병행

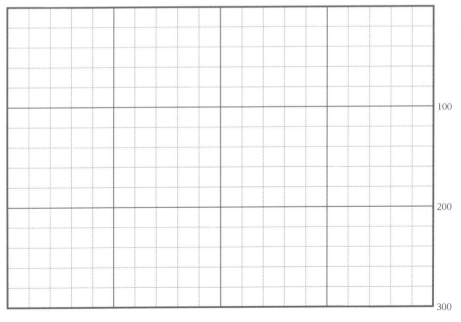

100

200

300

54. 다음을 주제로 하여 자신의 생각을 600~700자로 글을 쓰십 시오. 단 문제를 그대로 옮겨 쓰지 마십시오. 50점

> 권력형 폭력이나 성희롱 등이 회사 내에서 문제가 되는 경우가 있다. 또 기업 간이나 생활 가운데서 나타나는 각종 갑질 논란도 있다. '바람직한 상호관계'에 대하여 아래의 내용을 중심으로 자신의 생각을 쓰십시오.
>
> · 지위의 우월성과 인간의 우월성과의 관계
> · 지위의 우월성과 능력과의 관계

100

200

300

400

500

600

700

第3回 쓰기 正解及び解説

※次を読んで（ㄱ）と（ㄴ）に入る言葉をそれぞれ一文で書いて下さい。各10点

51.

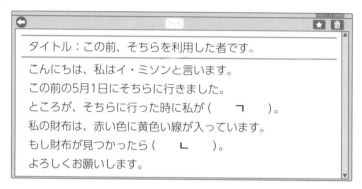

タイトル：この前、そちらを利用した者です。

こんにちは、私はイ・ミソンと言います。
この前の5月1日にそちらに行きました。
ところが、そちらに行った時に私が（　ㄱ　）。
私の財布は、赤い色に黄色い線が入っています。
もし財布が見つかったら（　ㄴ　）。
よろしくお願いします。

52.

　有酸素運動を（　ㄱ　）。有酸素運動をすると高血圧や心筋梗塞など、心血管疾患の危険が減少し、糖尿や肥満などの成人病を予防できるからである。またがん発生の危険も減少する。ウォーキング、ランニングなどがこの（　ㄴ　）。回数は1週間に3〜5回することが適当である。

53. 次は有酸素運動方法を表したものです。その方法を整理して200~300字で文を書いて下さい。ただし、文のタイトルを書かないで下さい。 30点

有酸素運動方法

1週間に3~5回/1回30分程度, ウォーキング/ジョギング/サイクリング

20代~30代 初め	・速歩き、ランニング、サイクリング ・目的に合わせ無酸素運動も並行
30代半ば~ 40代	・ウォーキング、ランニング、サイクリング ・スクワットなどの無酸素運動も並行
50代以上	・ウォーキング、ゆっくり走る ・徒手体操などを並行

54. 次をテーマにして、自分の考えを600~700字で文を書いて下さい。ただし、問題をそのまま写さないで下さい。 30点

パワハラ（権力型暴力）やセクハラなどが会社内で問題になることがある。また企業間や生活の中で表れるいろいろなカプチル問題もある。「望ましい相互関係」について下の内容を中心に自分の考えを書いて下さい。

・地位の優越性と人間の優越性との関係
・地位の優越性と能力との関係

51.

(ㄱ) 지갑을 잃어버렸습니다
　　　지갑을 잃어버린 것 같습니다/잃어버린 모양입니다

(ㄴ) 연락 주시면 고맙겠습니다/감사하겠습니다
　　　연락 주십시오

　　(ㄱ) 財布をなくしました
　　　　財布をなくしたみたいです

　　(ㄴ) 連絡頂けるとありがたいです
　　　　連絡下さい

52.

(ㄱ) 꼭 해야 하는 이유가 있다
　　　해야 하는 이유가 있다

(ㄴ) 유산소 운동이다
　　　유산소 운동의 (대표적인) 예이다

　　(ㄱ) 必ずしなければならない理由がある
　　　　しなければならない理由がある

　　(ㄴ) 有酸素運動だ
　　　　有酸素運動の(代表的な)例である

53.

解答文 I

　　유산소 운동 방법에는 여러 가지가 있다. 20대~30대 초반은 빨리 걷기, 조깅, 자전거 타기와 무산소 운동을 병행한다. 그리고 30대 중반에서 40대는 걷기, 조깅, 자전거 타기에 앉았다 일어서기 등을 병행한다. 그리고 50대 이상은 걷기, 천천히 조깅에 맨손 체조 등을 병행한다. 1주일에 3～5회로 1회에 30분 정도 하는 것은 다 똑같다. 그리고 걷기, 조깅, 자전거 타기 등도 똑같다.

　이와 같이 유산소 운동 방법에는 여러 가지가 있는 것으로 나타났다.

　　有酸素運動の方法にはいろいろある。20代～30代初めは、速歩き、ジョギング、サイクリングに無酸素運動を並行する。そして30代半ばから40代は、ウォーキング、ジョギング、サイクリングにスクワットなどを並行する。そして、50代以上は、ウォーキング、スロージョギングに徒手体操などを並行する。1週間に3～5回、1回に30分程度するのは全部同じだ。そしてウォーキング、ジョギング、サイクリングなども同じだ。

　　このように有酸素運動の方法にはいろいろあることが分かった。

解答文Ⅱ

　유산소 운동 방법은 연령에 따라 달라진다. 먼저 20대에서 30대 초반까지는 빨리 걷기, 조깅, 자전거 타기 등에 자신의 목적에 따라 무산소 운동을 병행한다. 그리고 30대 중반에서 40대까지는 걷기, 조깅, 자전거 타기에 앉았다 일어서기 등을 병행한다. 한편 50대 이상은 걷기, 천천히 조깅 등에 맨손 체조 등을 병행하는 것이 좋다. 횟수는 연령과 상관없이 1주일에 3～5회 정도가 적당하며 1회에 30분 정도 하는 것이 좋다.

　걷기, 달리기, 자전거 타기 등은 각 연령 공통적인 방법이지만 나이가 들면 가벼운 운동으로 바꾸는 것이 좋다.

　　有酸素運動の方法は、年齢に応じて異なる。まず、20代から30代初めまでは速歩き、ジョギング、サイクリングなどに加え、自分の目的に応じて無酸素運動を並行する。そして30代半ばから40代までは、ウォーキング、ジョギング、サイクリングに、スクワットなどを並行する。一方、50代以上はウォーキング、スロージョギングなどに、徒手体操を並行するのが良い。回数は、年齢に関係なく、1週間に3～5回程度が適当で、1回に30分程度行うのがよい。

ウォーキング、ランニング、サイクリングなどは、それぞれの年齢に共通の方法だが、年を取るにつれ軽い運動に変えるのが良い。

54.

解答文 I

권력형 폭력은 글자 그대로 권력, 즉 힘을 가지고 있는 사람이 일으킨다. 대상은 자신보다 권력이 없는, 즉 힘이 없는 사람이다. 권력형 폭력이 있어서는 안 되는 이유가 바로 거기에 있다. 강자가 약자를 괴롭히기 때문이다. 약자의 입장에 놓여져 있는 사람은 특별한 일이 없어도 늘 심리적으로 지배를 받는다는 느낌을 받는다. 왜냐하면 자신이 약하다고 생각하기 때문이다. 강자로부터 특별한 압력을 받지 않아도 약자는 늘 위축된 삶을 살고 위를 쳐다보기보다 아래를 쳐다보는 생활을 하는데 그러다가 권력형 폭력을 만나 보호를 해 줘야 할 사람으로부터 오히려 혹독한 공격을 받는다. 권력형 폭력의 또 하나 나쁜 점은 서로 가까운 관계에서만 일어난다는 점이다.

성희롱도 상대방의 인격을 파괴한다는 점에 있어서는 권력형 폭력과 똑같다. 그런데 경우에 따라서 이 성희롱이 권력형 폭력보다 훨씬 더 심각할 때가 있다. 권력형 폭력은 능력의 조건이 달라지거나 또는 환경이 바뀌면 없어질 수도 있지만 성희롱은 나의 존재 자체로 발생하는 것이기 때문이다. 내가 성희롱의 대상이 됐을 때 그 성희롱의 조건을 내가 바꿀 수가 있는 것이 아니기 때문에 그 고통은 더 심각하다. 한편 갑질의 종류는 여러 가지이다. 그것이 무엇이 됐든 자신이 상대방보다 낫다고 여길 때 그 낫다고 여기는 점으로 상대방을 공격한다. 갑질은 예상이 불가능하다. 왜냐하면 상대방이 무엇으로 나보다 자신이 낫다고 판단하는지 내가 알 수 없기 때문이다.

사람에는 우월이 없다. 존재하지 않는 우월을 멋대로 만들어서 다른 사람을 괴롭힌다면 사람이라고 할 수 없다.

パワハラは文字通り権力、すなわち力を持っている人が起こす。対象は、自分よりも権力がない、すなわち、力がない人だ。パワハラがあってはならない理由がまさにそこにある。強者が弱者をいじめるからである。弱者の立場に置かれている人は、特に何もなくても、いつも心理的に支配されているという感じを受ける。なぜなら、自分が弱いと思うからである。強者から特別な圧力を受けなくても弱者はいつも萎縮した生活を送り、上を見上げるより下を向く生活をしているのに、その中でパワハラに遭い、保護をしてくれるはずの立場の人からむしろ過酷な攻撃を受ける。パワハラのもう1つの悪い点は、互いに密接な関係でしか起こらない点である。

セクハラも相手の人格を破壊するという点においては、パワハラと同じである。ところが、場合によってはこのセクハラがパワハラよりもはるかに深刻な時がある。パワハラは能力の条件が変わったりまたは環境が変わったりすればなくなることもあるが、セクハラは自分の存在そのものから発生するものだからである。自分がセクハラの対象になった時、そのセクハラの条件を自分で変えることはできないので、その苦痛はより深刻である。一方、カプチルの種類は様々である。それが何であれ、自分が相手より上と判断する時にその上と判断するもので相手を攻撃する。カプチルは予想が不可能である。なぜなら相手が何をもって自分よりも本人が上だと判断しているのかが分からないからである。

人間には優越がない。存在しないはずの優越を自分勝手に作って他人を苦しめるのだったら人とは言えない。

解答文Ⅱ

권력형 폭력, 성희롱, 갑질 이 세 가지의 공통적인 특성이 있다. 바로 자신의 우월적인 지위를 이용한다는 점이다. 권력형 폭력은 회사나 조직 내에서 상사의 지위에 있는 사람이 부하에게 휘두르는 언어 폭력을 말한다. 회사나 조직의 상사와 부하는 서로 동등한 관계가 될 수 없기 때문에 어떠한 형태로든 부하는 상사로부터 압력을 받게 마련이다. 또 상사는 부하 직원을 교육하는 입장에 있기 때문에 아무래도 부하에 대하여 지시하고 명령하는 입장에 설 수 밖에 없다. 그러나 이때 상사가 조심해야 할 것이 있다. 즉 업무 능력이 떨어진다고 해서 자신이 부하보다 인간적으로 우월한 입장에 있는 것은 아니라는 것이다. 권력형 폭력은 이럴 때 나타난다.

한편 성희롱은 권력형 폭력이 일어날 때의 판단 기준인 업무 능력이 성으로 바뀔 때 일어난다. 상대방의 인격을 무차별하게 짓밟는다는 점에서는 권력형 폭력과 똑같지만 이 성희롱이 권력형 폭력과 다른 점은 자신의 만족을 얻기 위해 상대방의 성을 이용한다는 점이다. 갑질은 어떤 형태가 됐든 상대방보다 자신이 우월적인 입장에 있음을 이유로 해서 휘두르는 각종 폭력을 말한다.

이 세 가지의 공통적인 특징은 상대방의 정신에 말할 수 없는 타격을 준다는 점이다. 육체적 타격은 시간의 흐름에 따라 나을 수 있는 가능성이 있지만 정신적 타격은 오히려 시간의 흐름에 따라 훨씬 강화되는 경우가 얼마든지 있기 때문에 문제가 심각한 것이다.

パワハラ、セクハラ、カプチル、この3つの共通の特徴がある。自分の優越的な地位を利用するという点である。パワハラは、会社や組織内での上司の地位にある人が部下に振るう言葉の暴力をいう。会社や組織の上司と部下は、互いに同等の関係になることができないので、どんな形であれ部下は上司からの圧力を受けることになる。また、上司は部下を教育する立場にあるので、どうしても部下に対して指示し、命令する立場に立つしかない。しかし、この時、上司が注意しなければならないことがある。つまり業務能力が落ちるからといって、自分が部下より人間的に優れた立場にいるわけではないということである。パワハラはこういう時、現れる。

一方、セクハラはパワハラが起こるときの判断基準である業務能力が性に替わる時に起こる。相手の人格を無差別に踏みつける点ではパワハラと同じだが、このセクハラがパワハラと異なる点は、自分の満足を得るために相手の性を利用するという点である。カプチルはどのような形であれ、相手よりも自分が優越的な立場にいることを理由に振るう各種暴力をいう。

この3つの共通の特徴は、相手の精神に言い表せないようなショックを与えるという点である。肉体的な打撃は時間の流れとともに癒される可能性があるが、精神的な打撃はむしろ時間とともにますます強まることがいくらでもあるので、問題が深刻なのである。

第4回　쓰기(51번~54번)

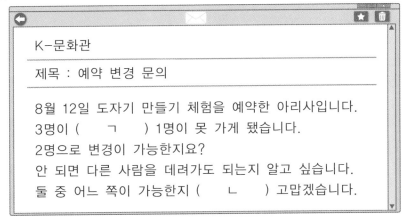

※다음을 읽고 (ㄱ)과 (ㄴ)에 들어갈 말을 각각 한 문장으로 쓰십시오. 각 10점

51.

K-문화관

제목 : 예약 변경 문의

8월 12일 도자기 만들기 체험을 예약한 아리사입니다.
3명이 (ㄱ) 1명이 못 가게 됐습니다.
2명으로 변경이 가능한지요?
안 되면 다른 사람을 데려가도 되는지 알고 싶습니다.
둘 중 어느 쪽이 가능한지 (ㄴ) 고맙겠습니다.

52.

우리는 보통 무지개를 7가지 색깔로 분류한다. 그러나 다른 나라에서는 무지개의 색을 (ㄱ). 무지개가 7가지 색으로 알려진 것은 뉴턴이 실험으로 찾아낸 연속 스펙트럼의 색을 바탕으로 '도레미파솔라시'의 7음계에 따라서 색을 나눈 데서 시작되었다는 이야기가 정설이다. 뉴턴 이전의 유럽에서는 무지개의 색을 빨간색, 노란색, 초록색, 파란색, 보라색의 (ㄴ).

53. 다음은 '외국인 연수생 현황'에 대한 자료이다. 이 내용을
    200~300자의 글로 쓰시오. 단 글의 제목은 쓰지 마시오.

30점

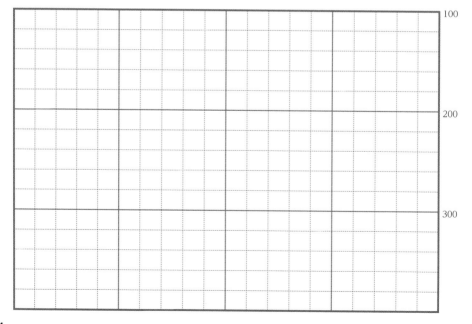

외국인 연수생 현황

(만)

2010: 1만
2015: 3만
2020: 37만

(년)

업종별 연수생 수 증가율	연수생 수 증가의 원인	연수생 수 증가에 따른 대책
제조업 1800% 건설업 600% 서비스업 1600% 유통업 1400%	한류 문화의 영향 비자 정책 완화	각종 지원책 마련 한국 문화에 대한 적응 교육

54. 다음을 참고하여 600～700자로 글을 쓰시오. 단 문제를 그대로 옮겨 쓰지 마시오. 50점

> 　상호 이해는 살아가는 데 꼭 필요한 덕목이다. 혼자서는 살아갈 수도 없거니와 남을 이해하려는 마음을 가지지 않으면 늘 주위 사람들과 마찰을 빚기 때문이다. 다음의 내용을 중심으로 '진정한 상호 이해와 그 중요성'에 대해 자신의 의견을 쓰라.
>
> ・상호 이해가 필요한 이유는 무엇인가?
> ・진정한 상호 이해란 무엇이라고 생각하는가?
> ・진정한 상호 이해를 위해 우리는 어떤 노력을 해야 하는가?

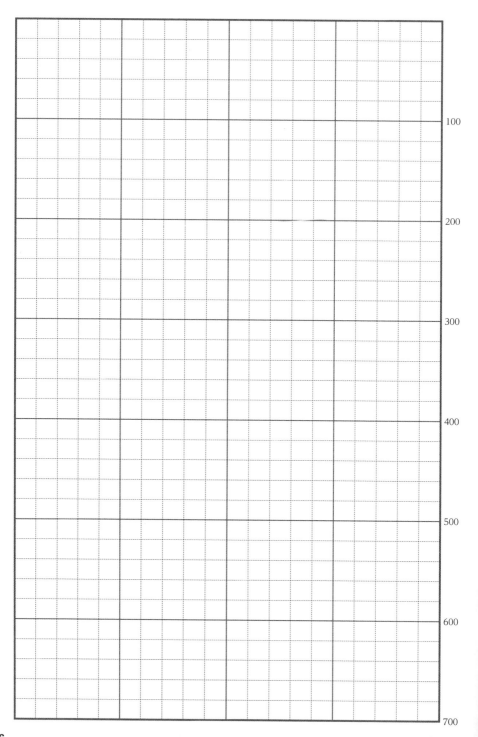

100

200

300

400

500

600

700

226

第4回　쓰기│正解及び解説

日本語の訳

※次を読んで（ㄱ）と（ㄴ）に入る言葉をそれぞれ一文で書いて下さい。各10点

51.

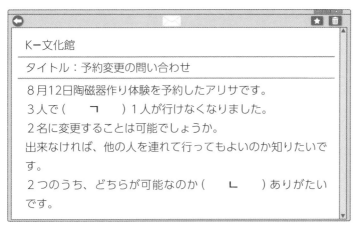

K-文化館

タイトル：予約変更の問い合わせ

8月12日陶磁器作り体験を予約したアリサです。
3人で（　ㄱ　）1人が行けなくなりました。
2名に変更することは可能でしょうか。
出来なければ、他の人を連れて行ってもよいのか知りたいです。
2つのうち、どちらが可能なのか（　ㄴ　）ありがたいです。

52.

私たちは、普通虹を7つの色に分類する。しかし、他の国では虹の色を（　ㄱ　）。虹が7色と知られたのは、ニュートンが実験で見つけた連続スペクトラムの色をベースに、"ドレミファソラシ"の7音階に沿って色を分けたことから始まったというのが定説だ。ニュートン以前のヨーロッパでは、虹の色を赤色、黄色、緑色、青色、紫色の（　ㄴ　）。

53. 次は外国人研修生現況についての資料である。この内容を200～300字で
文を書いて下さい。ただし、文のタイトルは書かないで下さい。 30点

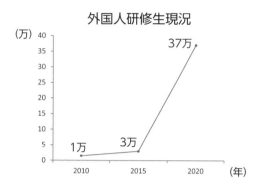

外国人研修生現況

業種別研修生数の増加率	研修生数増加の原因	研修生数増加に伴う対策
製造業 1800% 建設業 600% サービス業 1600% 流通業 1400%	韓流文化の影響 ビザ政策の緩和	各種支援策 韓国文化についての 適応教育

54. 次を参考にして600～700字で文を書いて下さい。ただし、問題をそのま
ま写し書きしてはいけません。 30点

　相互理解は、生きていくのに欠かせない徳目である。一人では生
きていけないばかりでなく、他人を理解する心がなければ、いつも
周りの人たちとトラブルを起こすものだからである。次の内容を中
心に「真の相互理解とその重要性」について、自分の意見を書きなさ
い。

・相互理解が必要な理由は何か。
・真の相互理解とは何だと考えるか。
・真の相互理解のために、われわれはどんな努力をすべきか。

51.

(ㄱ) 갈 예정이었는데
　　가려고 했는데

(ㄴ) 연락 주시면
　　가르쳐 주시면

　　(ㄱ) 行く予定だったけど
　　　　 行こうと思ったけど

　　(ㄴ) 連絡頂ければ
　　　　 教えて頂ければ

　(ㄱ)は、「갈 예정이었지만」のように、「～지만」を使うことは許されません。前の文と後ろの文が逆の出来事ではないからです。

52.

(ㄱ) 다르게 분류하기도 한다

(ㄴ) 5색이라고 생각했기 때문이다
　　5색으로 생각했다고 한다

　　(ㄱ) 別の方法で分類したりする

　　(ㄴ) 5色と考えたからである
　　　　 5色と捉えていたという

53.

解答文

법무부 출입국관리소 통계에 따르면 외국인 연수생의 숫자가 2015년 3만 명에서 2020년에는 37만 명으로 약 12배 증가한 것으로 나타났다. 그 내용을 살펴보면 제조업의 증가율이 가장 높고 다음으로는 서비스업, 그리고 유통업의 순으로 이어졌다.

이와 같이 급격히 증가한 원인으로서는 비자 정책이 완화된 것과 한류 문화를 접하면서 한국에 가고 싶어 하는 외국인이 폭발적으로 늘어났다는 점 등을 들 수 있다.

한편 이와 같이 외국인 연수생의 숫자가 급격히 늘어나면서 그들에 대한 각종 지원책과 한국 문화에 대한 적응 교육 등의 세심한 대책이 요구된다.

法務省出入国管理所の統計によれば、外国人研修生の数が2015年の3万名から2020年には37万名と、約12倍増加したものと表れた。その内容を見ると、製造業の増加率が最も高く、その次がサービス業、そして流通業の順に続いた。

このように、急激に増加した原因としては、ビザ政策が緩和したことと、韓流文化に接しているうちに韓国に行きたくなった外国人が爆発的に増えたことなどを挙げることが出来る。

一方、このように、外国人研修生の数が急激に増えるにつれ、彼らに対する各種支援策や韓国文化に対する適応教育などの細心の対策が求められる。

54.

解答文

상호 이해가 세상을 살아 나가는 데 있어서 대단히 중요한 덕목이라는 것은 새삼 말할 필요도 없다. 왜냐하면 다 같이 살아가야 하는 이 세상 속에서 남을 이해하려는 마음을 가지지 않으면 주위 사람들과 부딪히기 쉽기 때문이다.

상호 이해가 필요한 이유로는 다음의 두 가지를 들 수 있다.

첫 번째는 사람이 혼자서는 절대로 살 수 없다는 점이다. 하루라도 누군가의 도움을 받지 않으면 살아갈 수 없는 게 인간이라는 존재라는 점을 생각해 보면 상호 이해는 반드시 필요하다는 것을 알 수 있다.

두 번째로는 자신이 성장하기 때문이다. 상호 이해를 하려면 대화를 많이 해야 하는데 그 과정을 통해 자신이 알지 못했던 것을 습득하며 많은 것을 깨닫게 되고 이것이 성장으로 이어진다.

진정한 상호 이해란 다른 것이 당연하다는 생각을 가지는 데서 나온다고 생각한다. 대화 중에 이해가 안 된다는 표현을 쓰는 것은 상대방이 자신의 생각에 동조를 안 해 주기 때문이다. 그러나 모든 사람이 다 다른 것처럼 생각도 다 다르다는 점을 인정 하면 다른 것이 당연하다는 생각을 가지게 되고 그것이 상호 이해로 이어진다.

진정한 의미에서의 상호 이해를 이루려면 말하기보다 듣는 노력을 해야 할 필요가 있다. 격렬한 논쟁이 벌어지고 그 상황이 해결이 안 되는 것은 상대방의 이야기는 전혀 듣지 않고 자신의 이야기만 하기 때문이다. 이해는 듣는 데서 출발한다는 점을 명심해야 할 것 같다.

　相互理解が、世の中を生きていくに当たって、とても重要な徳目であることは改めて言うまでもない。というのも、皆で一緒に生きていかなければならないこの世の中において、他人を理解しようとする気持ちを持たないと、周りの人たちとぶつかりやすいからである。

　相互理解が必要な理由として、次の2つを挙げることが出来る。1つ目は、人は1人では絶対に生きられないということである。1日たりとも他人の助けを受けないと生きていけないのが人間という存在であることを考えると、相互理解が必ず必要ということが分かる。

　2つ目は、自分が成長するからである。相互理解するためには、会話をたくさんしなければならないが、そのプロセスを通じて自分が知り得なかったことを習得したり、たくさんのことに気づき、それが成長につながる。

　真の相互理解とは、違って当然という考え方を持つことから生まれると思

う。会話中に理解出来ないという表現を使うのは、相手が自分の思いに同調してくれないからである。しかし、すべての人が皆異なるように、考えも皆異なるということを認めると、違って当たり前と思えるようになり、それが相互理解へとつながる。

　真の意味での相互理解を為すためには、言うより聞く努力をする必要がある。激しい論争が繰り広げられ、その状況が解決しないのは、相手の話は全く聞かず、自分の話ばかりするからである。理解は、聞くことからスタートするということを肝に銘じる必要がある。

模擬試験1

模擬試験2

模擬試験3

模擬試験4

著者紹介

イム・ジョンデ

韓国名イムジョンデ(林鍾大)。韓国大田生まれ。韓国教育財団諮問委員。韓国外国語大学日本語科卒業。同大学院卒業後、ソウルの桓一高校で日本語教師を勤める。1997年上智大学大学院文学研究科国文学専攻博士後期課程満期退学。清泉女子大学非常勤講師、東海大学福岡短期大学国際文化学科主任教授、観光文化研究所所長などを経て、現在は東海大学教育開発研究センター教授。『完全マスターハングル文法』『完全マスターハングル会話』『完全マスターハングル単語』『中上級ハングル文法活用辞典』『日本語表現文型』など多数の著書がある。韓国語教育、韓国の文化と社会、国際理解、国際交流などを研究テーマにしている。現在の名は、林大仁(はやしひろひと)。

● 編集協力：株式会社 アル
● 本文組版：有限会社 P.WORD
● カバーデザイン：Pesco Paint(清水裕久)

韓国語能力試験 TOPIK II
作文問題対策 [第2版]

発行日　2023年10月2日　　　　　第1版第1刷

著　者　イム・ジョンデ

発行者　斉藤　和邦
発行所　株式会社　秀和システム
　　　　〒135-0016
　　　　東京都江東区東陽2-4-2　新宮ビル2F
　　　　Tel 03-6264-3105（販売）　Fax 03-6264-3094
印刷所　三松堂印刷株式会社
©2023 Jungdae Yim　　　　　　　　　　　Printed in Japan

ISBN978-4-7980-7053-7 C0087